Yohanes Manhitu
Tetum, A Language For Everyone
Tetun, Lian Ida Ba Ema Hotu-Hotu

Dedicated to...
My beloved parents, Josep Manhitu and Rosalina Tunliu,
my brother and sisters, and all language aficionados.

TETUM
A LANGUAGE FOR EVERYONE
Tetun, Lian Ida Ba Ema Hotu-Hotu

A Comprehensive Course Book
for English-speaking Learners of Tetum

Yohanes Manhitu

Mondial
New York

Yohanes Manhitu:
Tetum, A Language For Everyone
Tetun, Lian Ida Ba Ema Hotu-Hotu

© 2016: Mondial and Yohanes Manhitu

This book or parts thereof may not be reproduced in any form, stored in a retrieval system, or transmitted in any form by any means —electronic, mechanical, photocopy, recording, or otherwise— without the prior written permission of the publisher or the author, except as provided by United States of America copyright law.

Cover image:
Herminio M. Lelan

ISBN: 9781595693211
Library of Congress Control Number: 2016940532

www.mondialbooks.com

Preface

We are more easily led part by part to an understanding of the whole.
Lucius Annaeus Seneca

It is worthwhile to learn Tetum (or Tetun), the lingua franca of East Timor that has been declared both the first official language (followed by Portuguese) and the first national language (among the national languages of the country). Thus, this book has been written to help native and non-native speakers of English learn the structure and essentials of Tetum through the English language.

This book has been extensively developed from the simple handouts I prepared in 2006 for teaching my first English-speaking Tetum student. At that time I was in the process of compiling my *Kamus Indonesia-Tetun, Tetun-Indonesia* (*Indonesian-Tetum, Tetum-Indonesian Dictionary*), so I included a great deal of dictionary material in the handouts.

In spite of the fact that grammar is generally regarded as the canon of language, this grammar-based, comprehensive course book for English-speaking learners of Tetum is not intended to lessen the flexibility of the Tetum language, nor will it discourage learners by establishing strict grammatical rules. Rather, it will describe what the beautiful language of Tetum actually looks like.

After working through this book, you should be in a position to converse and write comprehensibly in Tetum, since the book contains the basic facts of the language. At the end of the book, you will find a concise phrasebook and a two-way dictionary that will help you use the language practically in some daily life situations, as well as enrich your overall vocabulary. In general, each lesson consists of three parts: a dialogue, followed by essential vocabulary, grammatical or conversational notes, and exercises (the answer keys are found prior to the phrasebook). Every opening dialogue in this book has been designed to contain some grammatical or conversational elements, and explanation of grammatical notes is simplified and clarified through the use of practical examples. The exercises should be done one by one, in order to measure how far a learner has mastered the material in each lesson.

I would like to acknowledge everybody whose valuable works have enlightened me about Tetum and helped me accomplish the writing of this book. This applies equally to both Tetum and non-Tetum writers, past and at present. Many thanks to *Instituto Nacional de Linguística* (the National Institute of Linguistics in Dili) and everyone who worked so tirelessly to provide more and more accessible information on the Tetum language; without it, I would not have been so well informed about the rapid development and the present-day form of the language.

My sincere thanks to my second English-speaking Tetum student and friend, Laura Steckman, now a PhD holder from the University of Wisconsin-Madison, USA, for her insightful input and suggestions about some aspects of the book. Our interesting conversations on language and culture will be forever engraved in my memory.

Keeping in touch with Tetum-speaking friends has been essential to keep my own Tetum alive and active. The nice conversations and discussions we have shared and enjoyed have indirectly contributed to the writing of this book. So, last but not least, I would like to thank each and every one of my Tetum-speaking friends.

Yogyakarta, April 2016

Yohanes Manhitu
ymanhitu@gmail.com

Contents

Preface iii
The Tetum Language at a Glance vii
Abbreviations xi

Preliminary Chapters
   I. The Pronunciation of Tetum 1
  II. Notes on the Orthography of Tetum 3

Lesson
   1. *Ita-Boot naran saida?* Nationality, Country, and Language 5
   2. *Oinsá soletra ninia naran?* The Alphabet 8
   3. *Númeru hira?* Numerals 10
   4. *Olá, kolega! Di'ak ka lae?* General Expressions 14
   5. *Tuku hira ona?* Time Expressions 17
   6. *Hasoru ho ema ida iha basar.* Indefinite Article and Definiteness 19
   7. *Dadeer iha uma.* Nouns 21
   8. *Sé-nia disionáriu?* Pronouns 26
   9. *Atividade feriadu nian.* Verbs 32
  10. *Nia parese oinsá?* Adjectives 40
  11. *Keta halai lailais demais.* Adverbs 47
  12. *Simu surat eletróniku hosi tasi-balun.* Prepositions 55
  13. *Hakarak sosa, maibé la soi osan.* Conjunctions 58
  14. *Ei! Imi atu bá iha-ne'ebé?* Interjections 61
  15. *Ó bele tulun ha'u ka lae?* Modals 64
  16. *Nia dehan katak nia sei mai mesak de'it.* Reported Speech 67

References 70
Key to Exercises 72
Appendix
   1. Concise Phrasebook 79
   2. Geographical Names 90
   3. Symbols and Punctuation 96
   4. The Human Body 97
   5. Sample Letters 99

6. Table of Cardinal and Ordinal Numbers... 100
  7. Prefixes and Suffixes... 101

Concise Two-Way Dictionary.. 102
  1. English-Tetum... 102
  2. Tetum-English... 113

About the Writer.. 124

The Tetum Language at a Glance

Introduction

Tetum[1] (or Tetun[2], the native name used in the Tetum version of the Constitution of the RDTL[3]) is the most widely spoken Austronesian language of East Timor that serves as both the first official language and the first national language[4]. Outside East Timor, Tetum[5] is spoken in Indonesia, Australia, Portugal, and the United Kingdom. Even in Northern Ireland, it is not surprising to find Tetum-speaking individuals, and some information is published in the language, since many East Timorese live and work there. According to http://www.ethnologue.com[6], the total number[7] of Tetum/Tetun speakers in East Timor in 2004 was 50,000.

Given Tetum's current status and popularity, more people are learning it for a variety of purposes. Sooner or later, since its key position as East Timor's main cultural symbol cannot be denied, Tetum will be *lian ida ba ema hotu-hotu* (a language for everyone). Already today, you might be surprised to find that some foreigners—especially those who are in touch with a Tetum-speaking community—speak the language very well.

Dialects

Cliff Morris[8], in his book *A Traveller's Dictionary in Tetun-English and English-Tetun from the Land of the Sleeping Crocodile East Timor* (first published in 1992), broadly divides Tetum into four main dialects (http://au.geocities.com/lev_lafayette/morris.html)[9]:

- *Tetun-Loos*, spoken around Soibada and the Kingdom of Samoro and along the coast between Alas and Luca. In relation to this dialect, http://levlafayette.com/node/44 reports that contemporary linguists knowledgeable in the field of the languages of Timor are mainly of the opinion that *Tetun-Terik* and *Tetun-Loos* are actually one and the same.

---

[1] The English spelling "Tetum" is derived from Portuguese (*Tétum*). The spelling with "m" is more widely used in English-language publications. Therefore, I have opted to use "Tetum", along with "Tetun."
[2] In the standard Tetum spelling system, except at the beginning of a sentence and in or as a title, it is spelled *tetun*. When written as *lia-tetun* (lit. "language of the plain"), it means "(the) Tetum language."
[3] RDTL stands for East Timor's official names under the Constitution: *Repúblika Demokrátika Timór-Leste* (Tetum) and *República Democrática de Timor-Leste* (Portuguese). It also stands for the country's full name in Indonesian: *Republik Demokratik Timor-Leste* (Democratic Republic of Timor-Leste).
[4] See Article 13 of the Constitution (http://www.oecusse.com/politics/docs/ConstitutionTetum.pdf).
[5] Especially *Tetun-Dili* or *Tetun-Prasa* (the model for official and standard Tetum).
[6] In this website, *Tetun* and *Tetun-Dili* are clearly listed as separate languages of East Timor.
[7] This number does not include *Tetun-Dili* speakers. According the website, the total number of *Tetun-Dili* speakers in East Timor in 1995 was 50,000.
[8] A former soldier in the Australian Imperial Force who fought in East Timor during WWII (died in 1998).
[9] This website was closed in 2009 and has been replaced by http://levlafayette.com/node/44.

- *Tetun-Terik*, spoken in the northwestern part of East Timor and the northeastern part of West Timor. This dialect is closely related to *Tetun-Belu*.[10]
- *Tetun-Belu*, spoken in the southwestern part of East Timor and the southeastern part of West Timor[11].
- *Tetun-Dili* or *Tetun-Prasa*, spoken in Dili, the capital of East Timor, and surrounding areas.

But Geoffrey Hull[12], in *The Languages of East Timor: Some Basic Facts* (published several years after the appearance of Cliff Morris' dictionary), divides Tetum into the following dialects[13]:

- *Tetun-Belu* (the Belunese dialect), spoken in a central strip from the Ombai Strait to the Timor Sea split by the border of East Timor and West Timor.
- *Tetun-Terik*, spoken in the south coastal region around Alas, Luca and Viqueque and including the old kingdoms of Samoro and Soibada.[14]
- *Tetun-Dili* or *Tetun-Prasa*, spoken in the city of Dili and its suburbs.
- *Nana'ek*, spoken in the village of Metinaro, on the coastal road between Dili and Manatuto.

History

Touching upon the history of Tetum, Geoffrey Hull (2004) writes, "In the fifteenth century, before the arrival of the Portuguese, Tetum spread through central and eastern Timor as a contact language under the aegis of the Belunese-speaking Kingdom of Wehali[15], at that time the most powerful kingdom on the island."[16] Later on, a simplified form of Tetum heavily influenced by Portuguese, called *Tetun-Dili* (*Tetun-Prasa*), began to develop in Dili, the new capital of Portuguese Timor, after the Portuguese had moved from the Dawan-speaking region of Oecusse-Ambeno in 1769, led by António José Teles de Meneses (also spelled António José Telles de Menezes)[17]. It was this simplified version of Tetum that the Portuguese promoted as lingua franca in their colony. And it is the dialect of *lia-tetun* that is spoken throughout East Timor.

---

[10] Recent publications indicate that, more and more, *Tetun-Terik* words are used in modern Tetum (*Tetun Ofisiál/Nasionál*). Many are new to the speakers of *Tetun-Prasa*.

[11] In the Indonesian districts of Belu and Malaka (previously part of Belu District), where it is considered a regional language, along with Bunak (Marae), Dawan, and Kemak.

[12] An Australian professional linguist and lexicographer that has been engaged in the study of Tetum and the other languages of East Timor since the 1990s.

[13] Both Morris and Hull have divided Tetum into four dialects, but *Tetun-Loos* is not mentioned by the latter in his dialect division. The *Nana'ek* dialect is listed instead. Apparently it is due to the contemporary opinion that *Tetun-Terik* and *Tetun-Loos* are actually one and the same (see http://levlafayette.com/node/44).

[14] Compare this with Cliff Morris' description of *Tetun-Loos*.

[15] This name is usually written as *Wewiku-Wehali*.

[16] See *The Languages of East Timor: Some Basic Facts*.

[17] They reportedly left the Enclave where they had first landed and later established their colonial administration, following repeated attacks by the Topasses (Black Portuguese), known in Dawan (Uab Meto/Baikenu) as *Kaesmetan* (lit. "Black Foreigners"). Until today, many Dawan-speaking people still use *Kaesmetan* to refer to the locals of Noemuti (in West Timor, Indonesia, where the Da Costa family still lives) and those living in Padiae and its vicinities (areas in the enclave of Oecusse-Ambeno, East Timor).

During the period when East Timor was a province of the Republic of Indonesia, Tetum was, like other languages of Indonesia, a *bahasa daerah* (regional language) and continued to be spoken throughout the former Portuguese colony. In the 1980s, Tetum replaced Portuguese as the liturgical language of the Roman Catholic Church in East Timor. In fact, the use of Tetum for preaching the Catholic faith was, at that time, not a novel approach. Father Sebastião Maria Aparício da Silva SJ, author of *Catecismo da Doutrina Cristã em Tétum* (1885)—the first book printed in the language—and *Diccionario de Portuguez-Tétum* (1889), is regarded as one of its early pioneers.[18] Since East Timor became an independent nation in 2002, Tetum, together with Portuguese, the language of the former colonial power and main source of its loanwords, were declared official languages. The so-called *Tetun Ofisiál* (*Tetun Nasionál*) is based on *Tetun-Dili*.

Formal and Informal Address

As you learn Tetum, you will notice that there are two ways to address someone, formal and familiar. When you address someone whom you respect or are unfamiliar with, it is advised to use *Ita-Boot*, or *Ita* (the honorific you), similar to *usted* (in Spanish) or *vous* (in French).[19] When addressing a (close) friend or someone younger than you, children in particular, you may use *ó* (the familiar you), like *tú* (in Spanish).

Vocabulary and Pronunciation

Tetum, particularly *Tetun-Dili*, is heavily influenced by Portuguese in both its vocabulary and pronunciation. The influence of this Romance language is such that one can justifiably claim that a good speaker of Tetum has adequate passive knowledge of Portuguese. Although many Tetum speakers were educated in *bahasa Indonesia*, it could be said that the influence of the once-official language of East Timor is not greater than that of Portuguese, especially in vocabulary.

Spelling System

For a very long period of time, while East Timor was a Portuguese colony and later, the twenty-seventh province of Indonesia, various spelling systems of Tetum were applied in both religious and secular writings. Only just over a decade ago, *Instituto Nacional de Linguística* (established in 2001) developed a standardized spelling system (*ortografia patronizada*), under force of law by Government Decree 1/2004 of April 14, 2004. In spite of the existing official orthography, many spelling variations can be widely found today in cyber and printed media. Although such variations do not seem to create any serious misunderstanding, it is worthwhile to accept and apply a uniform way of writing, for this will serve to make Tetum a more prestigious means of communication and unifying force, as well as facilitate the learning of it.

---

[18] See *About Sebastião Aparício da Silva SJ* by Geoffrey Hull.
[19] See *Lisaun 3* for further explanation about *Ita-Boot* and *Ita*.

Sample Text

The following English and Tetum versions of Article 27 of the Universal Declaration of Human Rights are from the website of The Office of the High Commissioner for Human Rights:[20]

Artigu 27

1. *Ema hotu-hotu iha direitu atu hola parte iha moris kulturál komunidade nian, atu goza arte no partilla iha progresu siénsia nian no nia rezultadu sira.*
2. *Ema hotu-hotu iha direitu atu hetan protesaun ba interese morál ka materiál ne'ebé mai hosi produsaun sientífika, literária ka artístika ne'ebé nia rasik halo.*

Article 27

1. Everyone has the right freely to participate in the cultural life of the community, to enjoy the arts, and to share in scientific advancement and its benefits.
2. Everyone has the right to the protection of the moral and material interests resulting from any scientific, literary, or artistic production of which he is the author.

---

[20] (Tetum) http://www.unhchr.ch/udhr/lang/ttm.htm; (English) http://www.unhchr.ch/udhr/lang/eng.htm.

Abbreviations

adj	adjective
adv	adverb
aux	auxiliary verb
cf.	compare with
conj	conjunction
e.g.	exempli gratia
etc.	etcetera
excl	exclusive
f	feminine
incl	inclusive
inf	informal
INL	Instituto Nacional de Linguística
interj	interjection
lit.	literally
m	masculine
n	noun
nsst.	no seluseluk tan (= etc.)
num	numeral
pl	plural
prep	preposition
pron	pronoun
pron adj	adjective pronoun
pron poss	possessive pronoun
RDTL	Repúblika Demokrátika Timór-Leste
Rep.	Republic
sg	singular
UK	United Kingdom
USA	United States of America
vi	intransitive verb
vt	transitive verb
vti	transitive and intransitive verb
WW	World War

Preliminary Chapter One
The Pronunciation of Tetum

In Tetum, pronunciation is not difficult. Despite the fact that a speaker of *Tetun-Dili* or *Tetun-Prasa*, may pronounce certain words differently (not based upon the standardized spelling), Tetum is largely phonetic in nature,[21] and even native speakers of English will find it relatively easy to pronounce. In general, anyone who has learned a Romance language such as Spanish or an Asian one such as Indonesian will be able to pronounce Tetum words with relative ease.

A. Vowels

a   pronounced *a* as the *u* in *nut*, e.g. *kuda* (horse; to plant)
i   pronounced *i* as the *i* in *marine*, e.g. *ami* (we [excl])
u   pronounced *u* as in the *oo* in *fool*, e.g. *buka* (to look for; to search for)
e   pronounced *e* as in the *e* in *met*, e.g. *bele* (can; to be able to)
o   pronounced *o* as in the *o* in *not*, e.g. *loron* (day)

B. Consonants

b   pronounced *b* as the *b* in *book*, e.g. *bokur* (be fat)
d   pronounced *d* as the *d* in *dog*, e.g. *du'ut* (grass)
f   pronounced *f* as the *f* in *family*, e.g. *feto* (woman)
g   pronounced *g* as the *g* in *good*, e.g. *garfu* (fork)
h   pronounced *h* as the *h* in *help*, e.g. *hadomi* (to love)
j   pronounced *j* as the *j* in *Japan*, e.g. *janela* (window)
k   pronounced *k* as the *k* in *karate*, e.g. *katar* (itchy)
l   pronounced *l* as the *l* in *lamp*, e.g. *liurai* (king)
ll   pronounced *ly* as the *ly* sound in *million*, e.g. *Jullu* (July)
m   pronounced *m* as the *m* in *mobile*, e.g. *moris* (life; be alive)
n   pronounced *n* as the *n* in *normal*, e.g. *nabilan* (to shine, shining)
ñ   pronounced *ny* as the *ny* sound in *canyon*, e.g. *testemuña* (witness)
p   pronounced *p* as the *p* in *polite*, e.g. *pateka* (watermelon)
r   pronounced *r* as the *r* in *room*, e.g. *ruin* (bone)
rr   pronounced *rr* as the *rr* in *perro* (Spanish, dog), e.g. *arrola* (to list)
s   pronounced *s* as the *s* in *soul*, e.g. *sakunar* (scorpion)
t   pronounced *t* as the *t* in *time*, e.g. *toba* (sleep)
v   pronounced *v* or *b* as the *v* in the Spanish word *vista*, e.g. *vidru* (glass [*substance*])

---

[21] A speaker of *Tetun-Dili* would prefer *diak* to *di'ak*, *nee* to *ne'e*, etc.

w   pronounced *w* as the *w* in *water*, e.g. *wainhira* (when)
x   pronounced *sh* as the *sh* in *shout*, e.g. *xapeu* (hat)
z   pronounced *z* as the *z* in *zoo*, e.g. *zona* (zone)
'   pronounced as a glottal stop. e.g. *ne'e* (this)

Note: In many writings, both in printed and electronic media, *ll* and *ñ* are sometimes written as *lh* and *nh*, respectively. The following are some examples of such a variety:

ll = lh			ñ = nh		
ll	lh	Pronunciation	ñ	nh	Pronunciation
barullu	barulhu	*barulyu*	Alemaña	Alemanha	*Alemanya*
billetu	bilhetu	*bilyetu*	até amañá	ate amanha	*ate amanya*
detalle	detalhe	*detalye*	deseña	desenha	*desenya*
etc.	etc.		etc.	etc.	

C. Foreign Letters

There are some foreign letters such as c (also ç), lh, nh, ch, and q, mostly found in Portuguese first and family names of the East Timorese people, and y, for units of money in China and Japan (as used in some sources). The term "foreign" is applied to the letters above, since they are not included in the standardized spelling system of the Tetum language. Examples include:

1. *da Conceição* /da konseisaung/
2. *da Cunha* /da kunya/
3. *de Carvalho* /de karvalyu/
4. *Dulce* /dulse/
5. *Marquita* /markita/
6. *Pacheco* /pasyeku/
7. *Salsinha* /salsinya/
8. *Sequeira* /sekeira/
9. *yen* /yen/[22]
10. *yuan* /yuan/

---

[22] As in the case of *lemen* (Tetum, Yemen), both *yen* and *yuan* could be spelled *ien* and *iuan*, respectively.

Preliminary Chapter Two

Notes on the Orthography of Tetum

The Tetum spelling system applied in this book is *ortografia patronizada* (the standardized orthography/spelling system), as briefly introduced in *Matadalan Ortográfiku ba Lia-Tetun (Lista Badak)* and other official sources published by *Instituto Nacional de Linguística*, the linguistics institute responsible for the development of Tetum in East Timor. To avoid confusion in pronunciation and spelling, the following guidelines should be followed:

- Most Tetum words are stressed on the penultimate (second-last) syllable. Examples: *deskulpa* /desku'lpa/ (sorry), *ramata* /rama'ta/ (to finish), and *naran* /na'ran/ (name).
- Accents on vowels at the beginning, middle, and end of both indigenous and borrowed words are indicated by an acute accent (á, é, í, ú, or ó). Examples: *área* (area), *órbita* (orbit), *aritmétika* (arithmetic), *manán* (to win, earn), *portugés* (Portuguese), *jardín* (garden; park), *doutór* (doctor), *hahú* (to begin), and *kauá* (crow).
- Long vowels are usually indicated by double vowels: **aa**, **ee**, **ii**, **uu**, and **oo**. Examples: *aas* (high; height), *bee* (water), *liis* (onion), *nuu* (coconut), and *nonook* (silent).
- Glottal stop is indicated by an apostrophe placed between two vowels, either the same or different. Examples: *to'os* (field; garden), *ko'alia* (to speak, talk), *di'ak* (good, nice; well), *fafu'ak* (bubble), and *ta'uk* (to fear; afraid, scared).[23]

Based on my observation of most of the indigenous and borrowing words in various written sources, especially those words taken from Portuguese, I have come to conclude that:

a. The letter **c** followed by the letter **a**, **u**, or **o**; and the letter **q** in every word borrowed from Portuguese are usually replaced with the letter **k**, respectively: *condição* → *kondisaun* (condition) and *qualidade* → *kualidade* (quality).
b. The letter **c** followed by the letter **e** or **i**; and the letter **ç** in every word borrowed from Portuguese are usually replaced with the letter **s**: *censo* → *sensu* (census), *cientista* → *sientista* (scientist), and *educação* → *edukasaun* (education).
c. The letter **g** followed by the letter **e** or **i** in every word borrowed from Portuguese is replaced with the letter **j**: *geral* → *jerál* (general) and *ginástica* → *jinástika* (gymnastics).
d. The letter **h** at the beginning of every word borrowed from Portuguese is always omitted: *hospital* → *ospitál* (hospital) and *horizonte* → *orizonte* (horizon).

---

[23] *Glottal stop* is a speech sound produced by obstructing airflow in the vocal tract. In English, it is represented by the apostrophe as in *Hawai'i* (Hawaiian pronunciation).

e. The letter -**o** at the end of every word borrowed from Portuguese is usually replaced with the letter -**u**: cas**o** → kaz**u** (case) and minut**o** → minut**u** (minute).
f. The double-letters **ch** of every word borrowed from Portuguese is usually replaced with the letter **x**: **ch**efe → **x**efe (chief, head) and **ch**ave → **x**ave (key).
g. The letter **s** between two vocals in every word borrowed from Portuguese is usually replaced with the letter **z**: pre**s**idente → pre**z**idente (president).
h. The ending -**ão** in every word borrowed from Portuguese, except for first and family names (such as João da Conceição), is usually replaced with the ending -**aun**: condiç**ão** → kondis**aun** (condition) and naç**ão** → nas**aun** (nation).
i. The ending -**ismo** in every word borrowed from Portuguese is usually replaced with the ending -**izmu**: terror**ismo** → terror**izmu** (terrorism) and erot**ismo** → erot**izmu** (eroticism).
j. Borrowing nouns ending in -**u** and -**ór** generally form a pair, with adjectives ending in -**u**, or -**ór** when followed by a masculine noun: kompost**u** kímik**u** (chemical compound), profes**ór** emérit**u** (emeritus professor), and grup**u** ameasad**ór** (threatening group.)
k. Borrowing nouns ending in -**a**, -**ora**, -**aun**, and -**dade** generally form a pair with adjectives ending in -**a**, or -**ora**, when followed by a feminine noun: Igrej**a** Katólik**a** (the Catholic Church), enerji**a** pozitiv**a** (positive energy), peskizad**ora** sientífik**a** (scientific research), aspiras**aun** polítik**a** (political aspiration), fasili**dade** públik**a** (public facility), and profes**ora** konservad**ora** (conservative female teacher).
l. In relation to the two previous points, indigenous nouns generally form a pair with adjective ending in -**u**: liafuan poétik**u** sira (poetic words), hanoin lójik**u** (logical thoughts), and buat komplikad**u** (complicated matter).
m. Every borrowing noun can be followed by a indigenous adjective: problema boot (big/serious problem), esplikasaun badak (short explanation), nasaun hakmatek (peaceful nation), and literatura rai-na'in (native literature).
n. Every noun, indigenous or borrowing, can be followed a gender-free borrowing adjective (not -**u**, -**a**, -**ór**, or -**ora**): órgaun importante (important organ), ema pesimista (pessimistic person), moris sosiál (social life), komunikasaun orál (oral communication), parte vitál (vital part), hahalok simples (simple deed/doing), hahán prinsipál (staple food), and lian nasionál (national language).
o. A number of gender-based adjectives can be preceded by a indigenous noun: mane garrid**u** (flirtatious man), feto garrid**a** (flirtatious woman), mane bonit**u** (handsome man), and feto bonit**a** (beautiful woman).
p. A number of adjectives ending in -**ór** (formed from borrowing and indigenous verbs and the ending -**ór**) can be preceded by either a masculine or a feminine noun: feto-raan gastad**ór** (wasteful girl), feto ko'aliad**ór** (talkative woman), mane sisid**ór** (demanding man), katuas serbisud**ór** (hardworking old man), and ferik rezad**ór** (diligently praying old woman). These adjectives may also function as nouns.

Lisaun 1

Ita-Boot naran saida?

1. Look at this passport.

Naran	: Carlos
Apelidu	: da Costa
Nasionalidade	: Timoroan
Rain	: Timór Lorosa'e
Otas	: (tinan) 30
Loron-moris	: 25/08/1976

2. Read this dialogue.

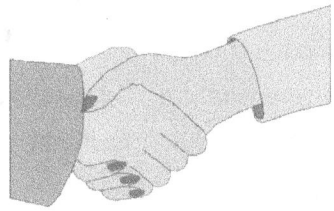

Dirce : Olá! Ita-Boot (nia) naran saida?
Anita : Ha'u naran Anita, i Ita-Boot?
Dirce : Ha'u naran Dirce.
Anita : Ita-Boot nia apelidu saida?
Dirce : da Costa, i Ita-Boot nian?
Anita : Ha'u-nian Siregar. Ita-Boot hosi ne'ebé?
Dirce : Ha'u hosi Dili, Timór Lorosa'e, i Ita-Boot?
Anita : Hosi Medan, Indonézia. Deskulpa, Ita-Boot serbisu saida?
Dirce : Ha'u jornalista televizaun nian. Ita-Boot?
Anita : Ha'u profesora lia-indonézia nian.
Dirce : Haksolok tebes hasoru ho Ita-Boot.
Anita : Obrigada! Ha'u mós hanesan.

Vocabulary

apelidu surname, family name
deskulpa sorry
ha'u I (am)
haksolok to be glad
hanesan the same
hasoru (ho) to meet (with)
hosi from

i and
Indonézia Indonesia
Ita-Boot you (honorific form)
Ita-Boot nia your (honorific form)
Ita-Boot nian yours (honorific form)
jornalista televizaun nian (a) television journalist

lia-indonézia Indonesian language
loron-moris date of birth
mós also
naran name (is); to be called
nasionalidade nationality
ne'ebé where
nian of
obrigada! thank you! (by a woman)
olá! hello!, hi!

otas age; era
profesora female teacher
rain country, land
saida what
serbisu to work
tebes very
Timór Lorosa'e East Timor
Timoroan Timorese
tinan year; age

Grammatical Notes: Nationality, Country, and Language

Nia (*mane*)… *He is…*	Nia (*feto*)… *She is…*	Nia hela iha…[24] *(S)he lives in…*	Nia ko'alia…[25] *(S)he speaks…*
Alemaña-oan, mane alemaun	Alemaña-oan, feto alemana	rai-Alemaña[26]	lia-alemaun[27]
América-oan, mane amerikanu	América-oan, feto amerikana	Estadus Unidus	lia-inglés
Arjentina-oan, mane arjentinu	Arjentina-oan, feto arjentina	rai-Arjentina	lia-español
Béljika-oan, mane béljiku	Béljika-oan, feto béljika	rai-Béljika	lia-fransés, lia-flamengu
Brazíl-oan, mane brazileiru	Brazíl-oan, feto brazileira	rai-Brazíl	lia-portugés
Dinamarka-oan, mane dinamarkés	Dinamarka-oan, feto dinamarkeza	rai-Dinamarka	lia-dinamarkés
España-oan, mane español	España-oan, feto española	rai-España	lia-español
Fransa-oan, mane fransés	Fransa-oan, feto franseza	rai-Fransa	lia-fransés
Grésia-oan, mane gregu	Grésia-oan, feto grega	rai-Grésia	lia-gregu
Indonézia-oan, mane indonéziu	Indonézia-oan, feto indonézia	rai-Indonézia	lia-indonézia
Inglaterra-oan, mane inglés	Inglaterra-oan, feto ingleza	rai-Inglaterra	lia-inglés
Itália-oan, mane italianu	Itália-oan, feto italiana	rai-Itália	lia-italianu
Japaun-oan, mane japonés	Japaun-oan, feto japoneza	rai-Japaun	lia-japonés
Kanadá-oan, mane kanadianu	Kanadá-oan, feto kanadiana	rai-Kanadá	lia-inglés, lia-fransés
Kolómbia-oan, mane kolombianu	Kolómbia-oan, feto kolombiana	rai-Kolómbia	lia-español

---

[24] Nia hela iha … (= Nia horik iha …)
[25] Nia ko'alia … (= Nia dale …)
[26] As long as the meaning is clear, *rai-* (country) may be omitted. E.g.: *Nia hosi Xile.* (He is from Chile.)
[27] It is not always necessary to put *lia-* (language) before the name of a language. E.g.: *Ami la ko'alia inglés iha uma. Ami ko'alia tetun.* (We do not speak English at home. We speak Tetum.)

Méxiku-oan, mane mexikanu	Méxiku-oan, feto mexikana	rai-Méxiku	lia-español
Noruega-oan, mane noruegés	Noruega-oan, feto noruegeza	rai-Noruega	lia-noruegés
Olanda-oan, mane olandés, mane balanda	Olanda-oan, feto olandeza, feto balanda	rai-Olanda	lia-olandés
Portugál-oan, mane portugés	Portugál-oan, feto portugeza	rai-Portugál	lia-portugés
Rúsia-oan, mane rusu	Rúsia-oan, feto rusa	rai-Rúsia	lia-rusu
Suésia-oan, mane sueku	Suésia-oan, feto sueka	rai-Suésia	lia-sueku
Timoroan, mane timór	Timoroan, feto timór	Timór Lorosa'e, Timór-Leste	lia-tetun, lia-portugés
Xile-oan, mane xilenu	Xile-oan, feto xilena	rai-Xile	lia-español

Exercise

1. Write the missing information in the following paragraph.

Lia-tetun ne'e lian ofisiál no mós nasionál iha (1)........................ Hori tempu uluk, ema uza nia nu'udar *lingua franca*—jambata komunikasaun ba ema sira-ne'ebé ko'alia lian oioin. Alende (2) ...., Timoroan sira dale (3) .... nu'udar lian ofisiál daruak. Iha Timór Lorosa'e, lian raiseluk rua, (4) .... no (5) ...., sai lian serbisu nian. (6).................. barak estuda no horik iha rai-Indonézia no rain sira seluk. Entaun, sira mós tenke ko'alia rain sira-ne'e nia lian. Ema ho nasionalidade oioin mós agora hela iha Repúblika Demokrátika Timór-Leste[28]. Timoroan barabarak, hanesan ema brazileiru sira, soi (7) .... portugés, porezemplu Araújo, da Costa, da Cruz, de Jesus, no Fernandes.

2. Complete the following sentences, using names of countries and languages.

1. Olá! Ha'u naran Penélope Cruz, hosi ...., no dale ....
2. Tinan kotuk, ami bá (iha)[29] ...., no biban vizita Katedrál Notre-Damme.
3. Tanba hela kleur iha São Paulo, ninia .... moos tebes.
4. Hodi ...., ema dehan *goodbye*. Hodi ...., *sayonara*.
5. Tony Blair la'ós balanda tanba nia mai hosi ....
6. Maski la'ós ...., nia gosta tebetebes ko'alia tetun.
7. Pablo Neruda, hosi ...., hakerek tiha poezia ne'ebé mundu admira.
8. Bainhira temi Aristóteles, ha'u hanoin kedas país ida naran ....
9. Nu'udar diplomata iha Riade, ami fiar katak nia bele dale ....
10. Sidade Maputu ne'e hetan iha ...., loos ka lae?

---

[28] *Timór-Leste* (written with an acute accent above "o") and *Timór Lorosa'e* (lit. Timor of the rising sun) are Tetum synonyms; both mean "East Timor" (the common name in English).

[29] The preposition *iha* (to) can be omitted when preceded by the verb *bá* (to go). In fact, it is hardly ever used in phrases such as *bá uma* (to go home) and *bá eskola* (to go to school). Therefore, in this book, whenever such a case accours in a Tetum sentence, *iha* is made optional by putting it in parenthesis.

Lisaun 2

Oinsá soletra ninia naran?

Jaime : Ohin loron iha eskola ami ko'alia kona-ba filme, i ami ida-idak temi ami-nia atór favóritu no atrís favórita sira-nia naran.
Carlos : Entaun, ó hateten ó-nian nia naran, loos ka lae?
Jaime : Tebes, ha'u hateten ninia naran.
Apá : Ninia naran saida?
Carlos : Tom Cruise? John Travolta?
Jaime : Lae, ninia naran Gérard Depardieu, hosi rai-Fransa.
Dirce : Ne'e susar tebes atu dehan sai. Oinsá soletra ninia naran?
Jaime : jé-é-erre-a-erre-de de-i-pé-a-erre-dé-i-é-u.
Dirce : Kuaze naran fransés sira hotu susar atu dehan sai. Obrigada, Jai.

Vocabulary

ami-nia our
atór actor
atrís actress
atu to, in order to
dehan sai to pronounce
entaun so, then, therefore
favórita favorite (for female)
favóritu favorite (for male)
filme film, (USA) movie
fransés French, (f. franseza)
heteten to say, to tell
hotu all

ida-idak each, every (one)
kona-ba about, concerning
kuaze almost
lae no
loos ka lae? did you? (a question tag)
naran name
ninia his, her, its
sira-nia their
soletra to spell (out)
susar difficult
tebes certainly, sure
temi to mention

Grammatical Notes: The Alphabet

Tetum has twenty-six letters (including the two double letters *ll* and *rr*), with five accented vowels, such as *á, é, í, ú,* and *ó*. The Tetum alphabet has been adopted and modified from Portuguese.[30]

---

[30] For more information on the history of Tetum spelling system, see *The Standard Orthography of the Tetum Language: 115 Years in the Making* at http://www.asianlang.mq.edu.au/INL/orthhist.pdf.

Most words beginning with *w* can be replaced with those beginning with *b;* for example, <u>w</u>ainhira (when) can be replaced with <u>b</u>ainhira (when).[31]

Aa	Bb	Dd	Ee	Ff	Gg	Hh	Ii
a	be	de	é	efe	jé	agá	i
Jj	Kk	Ll	Mm	Nn	Ññ	Oo	Pp
jota	ka	ele	eme	ene	eñe	o	pé
Rr	Ss	Tt	Uu	Vv	Ww	Xx	Zz
erre	ese	té	u	vé	vé-dobradu	xís	zé

The letter *c* is pronounced *sé*, but is not used in writing Tetum.

There are two double-letters in Tetum: *ll* (elle) and *rr* (erre-dobradu), a longer and stronger *r*.

Exercise

1. Please spell your name.

A: Oinsá hakerek Roberto?
B: Erre-o-be-erre-té-o

2. Spell to your friend the following names and surnames.

- **Names**
  - Paulina
  - Carlos
  - Pedro
  - Salvador
  - Xanana
  - Manuel
  - Natalino

- **Surnames**
  - de Fátima
  - Soares
  - Pinto
  - Tavares
  - Tixeira
  - Tilman
  - Gomes

---

[31] The directorate of INL (2004) states, "The incorrect use of the Terik form *wainhira* in Tetum-Praça instead of the standard *bainhira* stems from this inconsistency characteristic of ecclesiastical writers."

Lisaun 3

Número hira?

Dirce : Apá, ema barak fiar katak númeru sira lori sorte ba ema. Ne'e loos ka lae?
Apá : Se ne'e loos ka lae, ema barak fiar. Ne'e la buat ida.
Jaime : Ne'e-duni ema balu fiar katak númeru 13 lori sorte-aat?
Carlos : No númeru 1 sempre hatudu superioridade?
Apá : Buat sira-ne'e soi abut naruk iha kultura.
Amá : Tanba buat ida-ne'e karik, otél balu la soi kuartu númeru 13.
Dirce : Ne'e komik tebes.
Jaime : Ha'u-nia númeru favóritu mak númeru 7.
Dirce : Ó mós komesa fiar buat sira-ne'e?
Jaime : Ne'e tanba ha'u moris mai iha dia hitu fulan-Jullu tinan rihun ida atus sia ualunulu-resin-hitu (1987).
Carlos : Jai, ha'u la fiar katak ó mós kuaze fiar buat ida-ne'e.

Vocabulary

abut naruk to take root
apá dad, daddy
atus sia 900
balu some; several
barak many; much
buat ida-ne'e this thing
buat sira-ne'e these things
dia date
ema person, people
fiar (katak) to believe (that)
fulan-Jullu (the month of) July
hatudu to indicate; to show
hitu seven
karik maybe, perhaps
katak that
komesa to begin
komik funny
kultura culture

la buat ida it doesn't matter
loos ka lae? right or wrong?
lori to bring
mak, maka that, which, who
moris mai to be born
ne'e-duni therefore, hence, that's why
otél hotel
rihun ida a/1,000
sanulu-resin-tolu thirteen
se if; whether
sempre always
soi to have
sorte luck, fortune
sorte-aat bad luck
superioridade superiority
tanba because of, owing to
tinan year
ualunulu-resin-hitu eighty-seven

Grammatical Notes: Numerals

A. Cardinal Numbers

0	1	2	3	4	5	6	7
zeru	ida	rua	tolu	haat	lima	neen	hitu

8	9	10	11	12	13	14	15
ualu	sia	sanulu	sanulu-resin-ida	sanulu-resin-rua	sanulu-resin-tolu	sanulu-resin-haat	sanulu-resin-lima

16	17	18	19	20	21	22	23
sanulu-resin-neen	sanulu-resin-hitu	sanulu-resin-ualu	sanulu-resin-sia	ruanulu	ruanulu-resin-ida	ruanulu-resin-rua	ruanulu-resin-tolu

1. Give Arabic numbers to the following names.

1. lima   ......
2. sanulu-resin-ida   ......
3. ruanulu   ......
4. ruanulu-resin-tolu   ......
5. sanulu-resin-neen   ......
6. sia   ......
7. neen   ......
8. haat   ......
9. hitu   ......
10. zeru   ......

2. Numbers from 24 to 100

24	ruanulu-resin-haat	30	tolunulu	40	haatnulu	60	neenulu
25	ruanulu-resin-lima	31	tolunulu-resin-ida	41	haatnulu-resin-ida	70	hitunulu
26	ruanulu-resin-neen	32	....	42	....	80	ualunulu
27	ruanulu-resin-hitu	33	....	50	limanulu	90	sianulu
28	ruanulu-resin-ualu	37	....	51	limanulu-resin-ida	100	atus ida
29	ruanulu-resin-sia	39	....	52	....		

B. Ordinal Numbers

1st	2nd	3rd	4th	5th	6th	7th
uluk, dahuluk (*primeiru*)	daruak (*segundu*)	datoluk (*terseiru*)	dahaat (*kuartu*)	dalimak (*kintu*)	daneen (*sestu*)	dahituk (*setimu*)

8th	9th	10th	11th	12th	13th	20th
daualuk (*oitavu*)	dasiak (*nonu*)	dasanuluk (*désimu*)	dasanulu-resin-idak (*désimu primeiru*)	dasanulu-resin-ruak (*désimu segundu*)	dasanulu-resin-toluk (*désimu terseiru*)	daruanuluk (*vijésimu*)

30th	40th	50th	60th	70th	80th	90th
datolunuluk	dahaatnuluk	dalimanuluk	daneenuluk	dahitunuluk	daualunuluk	dasianuluk
(*trijésimu*)	(*kuarajésimu*)	(*kinkuajésimu*)	(*sexajésimu*)	(*septuajésimu*)	(*oktojésimu*)	(*nonajésimu*)

100th	1,000th
da'atus idak	darihun idak
(*sentajésimu*)	(*milésimu*)

C. Fractions

The following are some fractions in Tetum:

1/2	balu, balun
1/3	baluk-tolu ida
1/4	baluk-haat ida
1/5	baluk-lima ida
1/6	baluk-neen ida
1/7	baluk-hitu ida
1/8	baluk-ualu ida
1/9	balu-sia ida
1/10	baluk-sanulu ida, etc.

D. Multiplicatives

The following are some multiplicatives in Tetum:

	Adjectives	**Nouns**
2	duplu (*m*), dupla (*f*)	dobru
3	triplu (*m*), tripla (*f*)	triplu
4	kuadruplu (*m*), kuadrupla (*f*)	kuadruplu
5	kuintuplu (*m*), kuintupla (*f*)	kuintuplu

Sample sentences using numerals:

1. *Anita nia abó-mane tinan **sianulu** ona.* (Anita's grandfather is ninety years old.)
2. *Sira-nia oan **daruak** serbisu iha Dili.* (Their second child works in Dili.)
3. *Ha'u hakarak sosa foos kilo rua ho **balu**.* (I want to buy two and a half kilograms of rice.)
4. *Tuir loloos, liafuan ida-ne'e iha sentidu **duplu**.* (Actually, this word has a double-sense.)
5. *Agora ita tenke hahú filafali hosi **zeru**.* (Now we must start once again from zero.)
6. *Ema sira-ne'e tama ba lubun **primeiru**.* (These people go into the first group.)
7. *Ó tinan **sanulu-resin-hitu** ona ka?* (Are you already seventeen years old?)
8. *Baibain, ema han dala **tolu** loron **ida**.* (Usually, people eat three times a day.)
9. *Sira na'in-**rua** hadomi malu tebetebes.* (Both of them love each other very much.)
10. *Minutu **neenulu** halo oras ida, loos ka lae?* (Sixty minutes make an hour, don't they?)

Lisaun 4

Olá, kolega! Di'ak ka lae?

Dirce : Olá, Dulce! Di'ak ka lae? Kleur ona la hetan malu.
Dulce : Di'ak, obrigada. Ó di'ak ka lae, kolega?
Dirce : Di'ak nafatin. Durante feriadu ne'e, ó iha-ne'ebé?
Dulce : Ha'u bá vizita abó sira iha Oekusi.
Dirce : Ha'u espera katak sira na'in-rua di'ak hela.
Dulce : Obrigada! Sira na'in-rua di'ak hela. Ha'u hela iha-ne'ebá kuaze fulan ida.
Dirce : Entaun, ó goza tempu kapás ho sira. Bainhira ó mai fali?
Dulce : Sin, loos duni. Ha'u promete atu bá fali iha fulan-Dezembru para tuir Natál iha-ne'ebá. Ha'u foin mai fali semana kotuk.
Dirce : Ha'u mós foin to'o iha-ne'e segunda kotuk. Ha'u vizita kolega sira iha Kefa.
Dulce : Konlisensa, ha'u iha enkontru ho doutór.
Dirce : La buat ida. La'o didi'ak i até amañá!
Dulce : Obrigada i até amañá! Favór ida hato'o kumprimentus ba ó-nia família.
Dirce : Di'ak. Hato'o mós ha'u-nian ba ó-nia família tomak.
Dulce : Ho serteza, kolega.

Vocabulary

abó sira grandparents
até amañá see you tomorrow
bá fali to return, to go back
bainhira when
di'ak (hela) fine, well
Di'ak ka lae? How are you?
durante during
enkontru meeting; appointment
espera (katak) to hope (that)
família family
favór ida please
feriadu holiday
foin to'o to have just arrived
fulan ida a/one month
fulan-Dezembru (the month of) December
goza to enjoy

hato'o kumprimentus to give one's regards to, to pay one's respects to
ha'u-nian mine
hetan malu to see each other
ho with
ho serteza certainly, of course
iha-ne'ebá there
kapás good, beautiful
kleur ona it has been a long time
kolega friend; partner
konlisensa excuse me
la not (before verb or adjective)
loos duni indeed, it's true
mai fali to come back
nafatin always
Olá, kolega! Hi, friend!

ó-nia your
para to, in order to
promete (atu) to promise (to)
segunda kotuk last Monday
semana kotuk last week
sin yes

sira na'in-rua both of them
tempu time
tomak whole, entire; all
to'o to arrive; to come
tuir to attend; to celebrate; to follow
vizita visit; to visit

Conversational Notes: General Expressions

A. Greetings, Farewells, and Civilities

Bondia (Dadeer di'ak)	Good morning
Botarde (Loraik di'ak)	Good afternoon
Bonoite (Kalan di'ak)	Good evening/night
Di'ak ka lae?	How are you?
Di'ak, obrigadu(a)	Fine, thanks
Ladún aat	Not too bad
Ladún di'ak	Not too good
Adeus	Goodbye; Farewell
Até logu	See you later
Até amañá	See you tomorrow
Benvindu	Welcome
Deskulpa	Sorry; Excuse me; Pardon me
Konlisensa	Excuse me
Obrigadu(a)	Thank you; Thanks
Nada	You're welcome
Lalika temi	Don't mention it
Sin	Yes
Lae	No
Favór ida; Halo favór	Please

B. The Days of the Week

Jaime : Ohin loron saida?
Carlos : Ohin segunda (loron-segunda)[32].
Jaime : Horisehik loron saida?
Carlos : Horisehik domingu (loron-domingu).
Jaime : Semana ida iha loron hira?
Carlos : Semana ida iha loron hitu: domingu, segunda, tersa, kuarta, kinta, sesta, i sábadu.

---

[32] Both forms (of the names of the days) are used in speaking and writing.

C. The Months of the Year

Dirce : Agora fulan saida?

Anita : Agora Janeiru (fulan-Janeiru)[33].

Dirce : Tinan ida iha fulan hira?

Anita : Tinan ida iha fulan sanulu-resin-rua: Janeiru, Fevereiru, Marsu, Abríl, Maiu, Juñu, Jullu, Agostu, Setembru, Outubru, Novembru, i Dezembru.

Janeiru 2016

Domingu	Segunda	Tersa	Kuarta	Kinta	Sesta	Sábadu
27	28	29	30	31	1	2
3	4	5	6	7	8	9
10	11	12	13	14	15	16
17	18	19	20	21	22	23
24	25	26	27	28	29	30
31	1	2	3	4	5	6

1 Janeiru: Loron Tinan Foun

---

[33] Both forms (of the names of the months) are used in speaking and writing.

Lisaun 5

Tuku hira ona?

Anita : Tuku hira ona?
Dirce : Agora tuku sanulu liu (minutu) sanulu.
Anita : Tuku hira ó sei bá (iha) universidade?
Dirce : Ha'u sei bá tuku sanulu ho balun.
Anita : I ó sei estuda oras hira iha-ne'ebá?
Dirce : Ha'u sempre estuda oras haat.

Ohin dia hira?

Anita : Ohin dia hira ona?
Dirce : Ohin dia 22 fulan-Maiu 2014.

Ó tinan hira ona?

Anita : Ó tinan hira ona?
Dirce : Ha'u tinan 25 ona.
Anita : Ita-Boot tinan hira ona?
Señór Ali : Ha'u tinan 60 ona.

Vocabulary

agora now; at present
estuda to study
fulan-Maiu (the month of) May
haat four
liu past; to pass
minutu minute
Ó tinan hira ora? How old are you?

Ohin dia hira? What date is today?
oras hour
Oras hira? How many hours?
sanulu ho balun half-past ten
Tuku hira ona? What time is it?
tuku sanulu ten o'clock
universidade university

Conversational Notes: Time Expressions

Agora tuku hira? Tuku hira ona?

9.15, Sia liu (minutu) sanulu-resin-lima[34]

5.17, Lima liu (minutu) sanulu-resin-hitu

7.15, Hitu liu (minutu) sanulu-resin-lima

10.30, Sanulu liu (minutu) tolunulu

10.30, Sanulu ho balun

1.45, Rua menus (minutu) sanulu-resin-lima

Exercise

1. Say the following sentences in Tetum.

1. It is 6:20.
2. It is 4:40.
3. It is 5:12.
4. It is 8:55.
5. It is 3:18.
6. It is 10:10.
7. Seven hours
8. Twenty hours

2. Translate the following sentences into Tetum.

1. How old is your mother?
2. I want to know how old he is.
3. You will be twenty-five years old next year.
4. Is your father fifty years old?
5. I do not believe you are nineteen years old.
6. Do you think he is fifteen years old?

---

[34] So far, there have been two ways of writing time in Tetum, namely by putting a period or colon between the hour and minute(s): for example, 9.15 or 9:15. Both are common methods, and my preference for the first is merely habitual; it should not be considered as a gesture of standardization.

Lisaun 6

Hasoru ho ema ida iha basar

(*The mother has just been to the market.*)

Amá : Ha'u hasoru ho ema ida iha basar. I nia koñese ó, Dirce.
Dirce : Ema ida-ne'e mane ka feto? Karik ha'u-nia kolega. Nia mesak ka?
Amá : Mane. I nia ho feto-oan ida. Ema sira-ne'e sosa hela modo.
Dirce : Karik ne'e Tiago ho ninia doben. Sira sempre hamutuk.

(*Suddenly Carlos approaches them.*)

Dirce : Ó foin mai hosi ne'ebé? Hosi li'ur ka?
Carlos : Lae, ha'u foin lee livru ida be furak tebetebes.
Amá : Livru ida-ne'e kona-ba saida?
Carlos : Kona-ba sidade ida iha Marte.
Dirce : Ha...ha...ha.... Ha'u foin de'it rona katak ema moris iha Marte.
Amá : Sé mak moris iha sidade ida-ne'e? Anju sira ka?
Carlos : Ha'u seidauk bele hateten tanba ha'u seidauk ramata.

Vocabulary

anju sira angels
basar the market
doben lover, boyfriend/girlfriend
ema ida a person; someone
ema ida-ne'e this person, the person
ema sira-ne'e these people, the people
feto-oan girl
foin de'it just now
furak nice; beautiful
hasoru ho to meet (with)
hateten to say, to tell
hosi li'ur from outside
ida a, one
karik maybe, perhaps
kona-ba about, concerning
koñese to know, be acquainted with
lee to read

livru book
mane ka feto? man or woman?
Marte (planet) Mars
mesak alone, lonely
modo vegetable
moris to live; to be alive
ne'e this; it is
ninia his/her/its
ramata to finish, conclude
rona to hear, to listen to
saida what
sé who
seidauk not yet
sempre always
sidade city; town
sosa to buy, to purchase
tebetebes really, very

Grammatical Notes: Indefinite Article and Definiteness

Tetum has the indefinite article *ida* (a, an) placed after a noun or a noun phrase:

1. *Sira harii hela otél **ida** besik tasi-ibun.* (They are building a hotel near the beach.)
2. *Joana kaben ho mane **ida** hosi Japaun.* (Joana is married to a man from Japan.)
3. *Carlos aluga uma **ida** iha Jakarta.* (Carlos rents a house in Jakarta.)
4. *Abó-mane soi rádiu ki'ikoan **ida**.* (Grandfather has a small radio.)
5. *Ha'u sei hetan bisikleta **ida** be foun.* (I will get a new bicycle.)

Despite the fact that Tetum lacks definite article, the demonstratives *ida-ne'e* (this one), *ida-ne'ebá* (that one), *sira-ne'e* (these), and *sira-ne'ebá* (those) can function as *the*:

1. *Estudante **sira-ne'e** sei vizita muzeu nasionál.* (The students will visit the national museum.)
2. *Xofér **ida-ne'e** tau matan nafatin ba dalan.* (The driver always pays attention to the road.)
3. *Loja **sira-ne'ebá** sempre loke to'o kalan-boot.* (The stores always open until midnight.)
4. *Ema **ida-ne'e** nunka ko'alia ho ninia viziñu.* (The person never talks to his neighbor.)
5. *Mane riku ida sei sosa uma boot **ida-ne'ebá**.* (A rich man will buy the big house.)

However, when the context is clear, no definite article is needed to express definiteness:

1. *Prezidente sei vizita ami-nia knua.* (The president will visit our village.)
2. *Sira tuur no hemu kafé iha varanda.* (They sit and drink coffee in the veranda.)
3. *Fulan no fitun sira haroma lalehan.* (The moon and the stars illuminate the sky.)

Exercise: Translate the following sentences into Tetum.

1. Now we want to buy a new bicycle.
2. They really want to rent the house.
3. He will meet with the president.
4. She is at the university now.
5. The moon is illuminating the road.
6. I never visit the national museum.

Lisaun 7

Dadeer iha uma

Dirce : Bondia, Apá.
Apá : Bondia. Amá iha-ne'ebé? Iha uma laran ka lae?
Dirce : Lae, nia ko'alia hela ho makfa'an ida iha lurón.
Apá : I ó-nia alin sira iha-ne'ebé? Sira hadeer tiha ona ka lae?
Dirce : Ha'u bá haree sira iha kuartu. Hein uitoan, Apá.
Amá : Labarik sira hadeer tiha ona ka lae?
Apá : Dirce foin bá haree sira. Sira tenke lailais bá eskola.
Dirce : Carlos no Jaime hariis tiha ona. Di'ak liu ita matabixu ona.
Amá : Di'ak, entaun prepara took meza no lori hahán mai.
Dirce : Di'ak, Amá. Bolu lai Apá no alin sira mai ona.

Vocabulary

alin younger brother/sister
amá mamma
an oneself
apá daddy
bá to go
bolu to call
bondia good morning
dadeer morning
di'ak good; fine; well
entaun so, therefore
eskola school
foin just now, not long ago
hahán food
haree to see; to watch, to look at
hariis to bathe, to take a bath
hein to wait; to hope
hela to live, to stay; to be in the process of
i and
iha in, into; to; at; on
iha-ne'ebé? where?

ka lae? do...? does...?
kuartu room
labarik child
labarik sira (the) children
lai please
lailais quickly, fast
laran in, within
lori to bring, to take, to carry
lurón street
mai to come; hither
matabixu to have breakfast; breakfast
meza table
no and
ona already
ó-nia your
prepara to prepare
sira they
tiha ona have already
uitoan a little bit, for a while
uma house

Grammatical Notes: Nouns

Like other languages in the world, Tetum has both indigenous and borrowing nouns, or loanwords. The more you learn, the better you will be able to distinguish a borrowing noun from an indigenous one. You will, for example, notice that *uma* (house) is indigenous, while *livru* (book) is a loanword. Since Tetum seems to continue borrowing words from Portuguese, it will be easier for you to distinguish words of both categories if you are already familiar with this Romance language.[35]

Indigenous Tetum nouns do not possess gender case (masculine and feminine forms). However, in most cases, whenever clarification is necessary, the words *-mane* (male), *-feto* (female), *-aman* (he, male), and *-inan* (she, female) will be simply attached to the noun to differentiate between genders. The first pair is usually applied to human beings and some inanimate objects[36], while the latter is used for for animals.[37] Examples:

1. *oan-feto* (daughter)
2. *oan-mane* (son)
3. *abó-feto* (grandmother)
4. *abó-mane* (grandfather)
5. *tais-feto* (sarong worn by women)
6. *tais-mane* (sarong worn by men)
7. *busa-inan* (she-cat)
8. *busa-aman* (tomcat)

When followed by borrowing adjectives ending in *-ór* and *-u*, Portuguese-derived nouns, although now spelled rather differently in Tetum, usually maintain their original genders.[38] Examples:

1. *múzika klásika* (classical music), not *múzika klásiku*
2. *doutrina katólika* (catholic doctrine), not *doutrina katóliku*
3. *tempu antigu* (ancient time), not *tempu antiga*
4. *atividade literária* (literary activity), not *atividade literáriu*
5. *grupu ameasadór* (threatening group), not *grupu ameasadora*

In order to be able to identify the gender of a noun and use a noun phrase appropriately, you need to be familiar with the following Portuguese-derived endings that will help you:

---

[35] Your knowledge of other Romance languages, Spanish in particular, will also help with this matter.
[36] An interesting fact is that in Tetum, the waters to the north of Timor are called *Tasi Feto* (Female Sea, calm waters), and those to the south are called *Tasi Mane* (Male Sea, rough waters).
[37] Although the two pairs *feto-mane* and *inan-aman* basically have the same function, it is not common to say, for example, *busa-feto* or *busa-mane*.
[38] Though it looks fine to maintain this noun-adjective harmony, this modification method seems to make Tetum rather difficult to learn, considering that one has to be first familiar with the gender a noun and an adjective in order to construct a grammatically correct noun phrase.

1. *-aun¹* (e.g. *relijiaun*) (feminine)
2. *-aun²* (e.g. *kapitaun*) (masculine)[39]
3. *-ade* (e.g. *universidade*) (feminine)
4. *-a* (e.g. *roza*) (feminine)
5. *-u* (e.g. *negósiu*) (masculine)
6. *-ór* (e.g. *diretór*) (masculine)
7. *-ora* (e.g. *profesora*) (feminine)
8. *-ista* (e.g. *artista*) (masculine/feminine)
9. *-ál* (e.g. *animál*) (masculine)
10. *-ol* (e.g. *alkol*) (masculine)
11. *-il* (e.g. *reptil*) (masculine)
12. *-r* (e.g. *ár*) = masculine
13. *-és* (e.g. *japonés*) (masculine)
14. *-eza* (e.g. *japoneza*) (feminine)
15. *-ante* (e.g. *eskolante*) (masculine/feminine)

Nouns indicating an agent or a doer always begin with *ma(k)-* or end with *-na'in*. Such nouns usually derive from verbs, adjectives, or nouns:[40]

1. *mahorik* (*ma* + *horik* [to live]) (citizen)
2. *makfa'an* (*mak* + *fa'an* [to sell]) (seller)
3. *sani-na'in* (*sani* [to read]) + *na'in* [person]) (reader)
4. *lia-na'in* (*lia* [language] + *na'in* [person]) (storyteller; poet; linguist)

The suffix *-teen*, which is used to form an adjective, can also be used to form a noun. It is usually attached to an adjective or a verb:

1. *hemu-teen* (*hemu* [to drink] + *teen*) (drunkard, alcoholic)
2. *na'ok-teen* (*na'ok* [to steal] + *teen*) (thief, robber)
3. *baruk-teen* (*baruk* [be lazy] + *teen*) (lazybones; laziness)

A. Concrete Nouns

1. Proper Nouns. Nouns written in capital letters. Names of people, city, country, school, company, etc. Examples: *Filomena, Sabina, Kupang, América, Gramedia,* etc.
2. Common Nouns. Examples: *profesór* (teacher), *bee* (water), *foho* (mountain), *kilat* (gun, weapon), *bisikleta* (bicycle), *motór* (motorcycle), etc.
3. Material Nouns. Examples: *osamean* (gold), *mina-rai* (kerosin), *osamutin* (silver), etc.
4. Collective Nouns. Nouns consisting of groups. Examples: *lubun* (group), *futun* (bunch, sheaf, bundle), *sasuit* (bunch), etc.

---

[39] The number of nouns with this ending is limited. Some are *sakristaun* (sacristan), *kristaun* (Christian), *alemaun* (German), *sidadaun* (citizen), and *kapelaun* (chaplain).
[40] For further examples, see Prefixes and Suffixes of Tetum (Appendix 6).

B. Abstract Nouns

Some abstract nouns can function as verbs or adjectives:

1. *aas* (height; high)
2. *di'ak* (goodness; good)
3. *fiar* (belief; to believe)
4. *furak* (beauty; beautiful)
5. *kle'an* (depth; deep)
6. *matenek* (intelligence, wisdom; intelligent, wise)
7. *moris* (life; to live)
8. *naruk* (length; long)

C. Plural Nouns

To form a plural noun, simply place the plural marker *sira* after a noun or a noun phrase:

1. *labarik ida* (a child)
2. *labarik sira* (children)
3. *labarik badinas sira* (diligent children)

1. *feto ida* (a woman)
2. *feto sira* (women)
3. *feto furak sira* (beautiful women)

The plural marker, *sira,* should not be confused with *sira* as subject (they) and object (them):

1. *Sira la'ós Timoroan.* (They are not Timorese.)
2. *Ita-Boot koñese sira ka lae?* (Do you know them?)

D. Honorific Nouns

Honorific nouns are words that refer to a place, a thing, a quality, or an activity that belongs to a superior (e.g. a king) and God. Following is a list of some honorific nouns, along with their normal Tetum and English equivalents:

Honorific	Normal	English
bikan-etun	*to'os liurai nian*	king's garden
dalu	*kuartu liurai nian*	king's room
futar liman	*liman*	hand
futar oin	*oin*	face
lamak	*hahán, ai-han*	food
unuk	*faru*	garment

Exercise: Translate the following sentences into Tetum.

1. Where are the children?
2. Please bring the breakfast here.
3. Those people are preparing the table.
4. They must go to school in the morning.
5. Carlos has taken a bath.

Lisaun 8

Sé-nia disionáriu?

Carlos : Horikalan ha'u rai disionáriu iha meza ida-ne'e nia leten.
Dirce : Sé-nia disionáriu, Carlos? Ó-nian ka ema seluk nian?
Carlos : Disionáriu ida-ne'e la'ós ha'u-nian. Ne'e ita-nia apá nian.
Dirce : Ó bá husu took Jaime. Karik nia mak foti no muda ba fatin seluk.
Carlos : Obrigadu! Ha'u ta'uk Apá sei hirus ha'u tanba ninia livru ne'e.
Jaime : Imi na'in-rua buka hela saida? Iha buat ruma be lakon ka?
Dirce : Lae, Carlos buka hela disionáriu be horikalan nia rai iha meza ida-ne'ebá nia leten. Ó hatene buat ne'e iha-ne'ebé loos?
Jaime : Ha'u foin haree Apá hatama nia ba pasta no lori ba serbisu-fatin.
Carlos : Sorte! Maibé ne'e ha'u-nia sala duni. Ha'u tenke tau fali ba ninia fatin.

Vocabulary

be that, which
buat ruma something
disionáriu dictionary
fatin place; space; site
foin not long ago
ha'u I; me
ha'u-nian mine
haree to see
hatama to put into
hatene to know
horikalan last night
husu took just ask
ida-ne'e this; this one
ida-ne'ebá that, that one
imi na'in-rua (the) both of you
ita-nia our
karik maybe
la'ós not
leten top, summit
loos real; really; actually

lori to bring; to take; to carry
maibé but, yet
mak, maka the one who
na'in-rua the two of them, both of them (people)
nia 's (possessive marker); of
ninia his; her; its
ó you (sg, for a somebody you know well, a child, or an animal)
obrigadu thank you (said by a man)
ó-nian yours (singular)
pasta briefcase
rai to put, to place
sala mistake; error
seluk another, other; different
sé-nia...? whose...?
serbisu-fatin workplace; office
sorte! lucky me!
tau fali to put back
tenke must, should

Grammatical Notes: Pronouns

A. Personal Pronouns

Tetum	ha'u	ó	Ita; Ita-Boot	nia	ita	ami	Ita-Boot sira; imi	sira
English	I	you	you	he; she; it	we (incl)	we (excl)	you	they

Examples:

1. *Ha'u lakohi bá eskola.* (I do not want to go to school.)
2. *Ha'u la hatene Ita hela iha-ne'ebé.* (I do not know where you live.)
3. *Ó tenke lee barak.* (You must read a lot.)
4. *Ita-Boot atu bá iha-ne'ebé?* (Where are you going?)
5. *Nia la'ós ha'u-nia aman.* (He is not my father.)
6. *Ita sei estuda to'o loraik.* (We will study until the afternoon.)
7. *Ami buka otél ida atu hela kalan.* (We are looking for a hotel to spend the night.)
8. *Sira la hirus.* (They are not angry.)

Honorific Personal Pronouns

1. *Ita-Boot* and *Ita*

The pronouns *Ita-Boot* and *Ita* may be used interchangeably as the polite form of *you*, but the former also means "your honour" and "your majesty". It is the form used to address a *liurai* (king).

2. *ha'u-ata* and *ami-ata*

These forms of personal pronoun are used to show a humble manner, when addressing a superior (e.g. a king) and God. They are mostly found in prayers, e.g. *Avé Maria* (Hail Mary), and are corresponding to the honorific form of *Ita-Boot* (you, thou). Examples:

1. *Oras ne'e, oras ne'ebé **ami-ata** besik atu mate.* (Now, and in the hour of our death.)[41]
2. *Liurai Lalehan nian, haraik mai **ha'u-ata** ksolok.* (King of Heaven, grant me happiness.)
3. *Na'i, **ami-ata** hein atu **Ita-Boot** tulun mundu.* (Lord, we hope that you will help the world.)

Exercise 1 : Translate the following sentences into Tetum.

1. I do not like to study.
2. We must spend the night.
3. I am looking for a hotel.
4. Where are they going?
5. You must study until the afternoon.

---
[41] The last line of *Avé Maria* (Hail Mary).

B. Possessive Adjectives and Possessive Pronouns

	Adjectives							
Tetum	ha'u-nia	ó-nia	Ita-nia; Ita-Boot nia	ninia	ita-nia	ami-nia	Ita-Boot sira-nia; imi-nia	sira-nia
English	my	your	your	his; her; its	our	our	your	their
	Pronouns							
Tetum	ha'u-nian	ó-nian	Ita-nian; Ita-Boot nian	ninian	ita-nian	ami-nian	Ita-Boot sira-nian; imi-nian	sira-nian
English	mine	yours	yours	his; hers	ours	ours	yours	theirs

Examples:

1. **Ha'u-nia** aman la bá (iha) natar. (My father does not go to the rice field.)
2. **Ó-nia** uma iha-ne'ebé? (Where is your house?)
3. **Ita-Boot nia** serbisu-fatin dook ka lae? (Is your workplace/office far?)
4. Nia la tulun **ninia** inan. (He/she does not help her/his mother.)
5. **Ami-nia** eskola foun. (Our school is new.)
6. Sira la gosta **sira-nia** serbisu. (They do not like their job.)
7. Ami-nia uma boot, maibé **imi-nian** ki'ik. (Our house is big, while yours is small.)
8. Ne'e sé-nia livru? Ne'e **ha'u-nian**. (Whose book is this? This is mine.)
9. Ó uza hela sé-nia komputadór? **Ninian**. (Whose computer are you using? His/hers.)
10. Ne'e **sira-nian**, la'ós **ita-nian**. (This is theirs, not ours.)

The particle *nia* and the genitive form *nian*

The particle *nia* is used to form the possessive in Tetum:

1. José **nia** alin-feto hela iha Portugál. (José's younger sister lives in Portugal.)
2. Ne'e la'ós Augusta **nia** karreta foun. (This is not Augusta's new car.)

The word *nian* is used to form the genitive:

1. Señór Hernandez ne'e sidadaun España **nian**. (Mr. Hernardez is a citizen of Spain.)
2. Povu Indonézia **nian** tenke moris ho dame. (The people of Indonesia must live in peace.)

The honorific epithet *futar*

Futar is the honorific epithet used in referring to parts of the body of God or a king:[42]

1. *Ita-Boot nia **futar** liman sei tane ami nafatin.* (Your hand will always support us.)
2. *Keta subar Ita-Boot nia **futar** oin hosi ha'u.* (Don't hide your face from me.)

Exercise 2 : Translate the following sentences into Tetum.

1. My father does not go to office.
2. I am using his computer.
3. You are reading their book.
4. Our school is not new.
5. We are going to their rice field.
6. You must help your mother.
7. Is their house big?
8. This computer is not mine.

C. Demonstrative Adjectives and Demonstrative Pronouns

	Adjectives	
Tetum	ne'e *or* ida-ne'e (*sg*) sira-ne'e (*pl*)	ida-ne'ebá (*sg*) sira-ne'ebá (*pl*)
English	this (*sg*) these (*pl*)	that (*sg*) those (*pl*)
	Pronouns	
Tetum	ida-ne'e (*sg*) sira-ne'e (*pl*)	ida-ne'ebá (*sg*) sira-ne'ebá (*pl*)
English	this (one) (*sg*) these (ones) (*pl*)	that (one) (*sg*) those (ones) (*pl*)

Examples:

1. *Karreta **ida-ne'e** la'ós ha'u-nian.* (This car is not mine.)
2. *Natar **ida-ne'ebá** sé-nian?* (Whose rice field is that?)
3. *Uma **sira-ne'ebá** besik tasi-ibun.* (Those houses are near the beach.)
4. *Livru **sira-ne'e** sira-nian.* (These books are theirs.)
5. *Komputadór **ida-ne'e** karun.* (This computer is expensive.)
6. *Ha'u gosta **ida-ne'e**.* (I like this one.)
7. *Nia la sosa **ida-ne'ebá**.* (He/she did not buy that one.)
8. *Ami sei fa'an **sira-ne'e**.* (We will sell these ones.)

---

[42] This epithet is mostly used in prayers, many of which are found in the book *Reza no Kreda*. In relation to this, please notice that *futar-lia* means "divine order" or "the Word (of God)." Williams-van Klinken (2001) touches on this subject when discussing the high registers of *Tetun-Dili*.

Exercise 3 : Translate the following sentences into Tetum.

1. I will sell that one.
2. Whose book is this?
3. This book is not his.
4. Is this computer yours?
5. That one is mine.
6. This car is not new.
7. This is our rice field.
8. Those houses are near the beach.

D. Reflexive Pronouns

To indicate that the same person is both the subject and the object, we use the reflexive pronoun *an* or *an rasik* after a pronoun:[43]

1. *Salvador dehan ba nia **an** katak nia sei manán.* (Salvador says to himself that he will win.)
2. *Favór ida keta fó-sala ó-nia **an rasik**.* (Please don't blame yourself.)
3. *Nia hadomi resikliu ninia **an rasik**.* (He/she loves himself/herself too much.)

E. Interrogative Pronouns

Ne'ebé?	Where?
Iha-ne'ebé?	Where?
Ida-ne'ebé? (sg) Sira-ne'ebé? (pl)	Which?
Bainhira? Wainhira?	When?
Oinsá? Halonu'usá?	How?
Sá? Saida?	What?
Sé?	Who?
Tansá? Tanbasá?	Why?

Examples:

1. *Sira sei haruka nia ba **ne'ebé**?* (Where will they send him/her?)
2. *Ó-nia aman serbisu **iha-ne'ebé**?* (Where does your father work?)
3. *Ema ida-ne'e atu bá **iha-ne'ebé**?*[44] (Where is this person going?)
4. *Ita-Boot atu foti **ida-ne'ebé**?* (Which one do you intend to take?)
5. ***Bainhira** mak imi sei bá (iha) Dili?* (When will you go to Dili?)

---

[43] The word *rasik* can be used in the following contexts: (1) *Ha'u la bele te'in rasik.* (I cannot cook by myself.) (2) *Agora ami hela iha ami-nia uma rasik.* (Now we live in our own house.) (3) *Livru sira-ne'e rasik mak ha'u presiza.* (These are the very books I need.)

[44] Colloquially, *bá ne'ebé* (lit. go where) is more common than *bá iha-ne'ebé* (lit. go to where).

6. *Imi te'in na'an ne'e **oinsá**?* (How did you cook the meat?)
7. *Kolan nia kle'an **halonu'usá**?* (How deep is the pond?)
8. ***Sá** livru mak sira lee hela?* (What book are they reading?)
9. *Konlisensa, Ita-Boot naran **saida**?* (Excuse me. What is your name?)
10. ***Sé** mak sei lori nia ba uma-moras?* (Who will take him/her to hospital?)
11. ***Tansá** mak ó la halimar voleiból?* (Why don't you play volleyball?)
12. ***Tanbasá** mak nia la mai fali?* (Why doesn't (s)he come back?)

F. Question Tags

The question tags in Tetum are *he? ne'e ka?* and *loos ka lae?* and are used for both positive and negative sentences, for all tenses: present, past, and future:

1. *Feto-oan ida-ne'ebá furak, **he**?* (That girl is beautiful, **isn't she**?)
2. *Sira-nia aman riku tebes, **loos ka lae**?* (Their father is very rich, **isn't he**?)
3. *Imi sei muda ba Atambua, **ne'e ka**?* (You will move to Atambua, **won't you**?)
4. *Ita-Boot la'ós kontratu-na'in, **loos ka lae**?* (You are not a merchant, **are you**?)
5. *Horikalan imi halo festa boot, **he**?* (Last night you had a big party, **didn't you**?)
6. *Ó naran António, **loos ka lae**?* (Your name is António, **isn't it**?)

G. Relative Pronouns

Tetum has the following relative pronouns: *mak* or *maka* (which, who, that), *be* (who, that, whom, whose, which), *ne'ebé* (who, that, whom, whose, which), *ida-ne'ebé* (which [singular]), and *sira-ne'ebé* (which [plural]). Please pay attention to the different usages of the relative pronouns:

1. *Ami presiza serbisu-na'in **sira-ne'ebé** badinas.* (We need workers who are diligent.)
2. *Iha ema ruma **mak** bele tulun ami ka lae?* (Is there anybody who can help us?)
3. *Feto **ne'ebé** naran Anita kaben ona.* (The woman whose name is Anita is married.)
4. *Sira buka hela restaurante **be** di'ak.* (They are looking for a good restaurant.)

Lisaun 9

Atividade feriadu nian

Mestre : Alunu sira, feriadu boot besik atu to'o ona. Imi sei halo saida iha feriadu nia laran?
Jaime : Mestre, ha'u sei bá vizita ha'u-nia tiun no tian iha Austrália.
Joana : Ha'u hakarak ajuda ha'u-nia amá iha natar.
Natalia : Ha'u hakarak lee romanse foun balu.
Mestre : Entaun, imi halo tiha ona planu.
Jaime : Mestre, Ita-Boot sei bá iha-ne'ebé?
Mestre : Mmmm... Ha'u sei hela iha uma de'it hodi hein ha'u-nia oan sira.
Sonia : Ha'u mós sei hela iha uma de'it tanba ha'u-nia primu no prima sira sei mai.
Mestre : Ha'u espera katak imi sei goza tempu kapás durante feriadu ne'e.
Luís : Obrigadu, Mestre. Ami mós espera hanesan ba Ita-Boot.

Vocabulary

ajuda to help, to assist; help, assistance
alunu pupil, student
besik atu to'o ona to be about to come
feriadu boot long annual holidays
foun new
hakarak to want, to wish; to like
halo to make, to do
hanesan the same; like
hodi to, in order to
iha feriadu nia laran during the holidays

iha Austrália in Australia
lee to read
mestre teacher; master
natar rice field, paddy field
oan sira son(s) and daughter(s)
planu plan
primu no prima sira cousins
romanse novel
sei will, shall
tiun no tian uncle and aunt

Grammatical Notes: Verbs

There are no sophisticated tenses in Tetum, as in Latin, French, Spanish, Portuguese, etc., where a verb is applied in accordance with the time when an action takes place. In Tetum, the time is indicated by the adverbs of time used: today, yesterday, tomorrow, next week, etc.

1. *Ohin loron ami la **te'in** etu.* (Today we did not cook rice.)
2. *Aban sira sei **mai** haree ami.* (Tomorrow they will come to see us.)
3. *Horikalan ha'u **toba** iha otél ida.* (Last night I slept in a hotel.)
4. *Agora nia la **fuma** ona.* (Now he/she no longer smokes.)
5. *Ha'u **hanoin** ha'u-nia uma.* (I am longing for my home.) [lit. I remember my house]

6. *Da Vinci mak **pinta** "Mona Lisa".* (It was Da Vinci who painted the *Mona Lisa*.)
7. *Nia **gosta** tradús poezia.* (He/she likes/is fond of translating poetry.)
8. *Ami **fiar** katak imi sei fó liman.* (We believe[d] that you will [would] lend a hand.)
9. *Lalika **tama** tuir janela!* (Do not enter through the window!)
10. *Liafuan ida-ne'e **katak** saida?* (What does this word mean?)

A. Transitive and Intransitive Verbs

Most indigenous transitive verbs in Tetum take the prefix **ha-**, while indigenous intransitive verbs (especially for third-person subjects) take the prefix **na-**. Loan verbs, mainly of Portuguese origin, hardly ever take **ha-** and **na-** prefixes:

1. *Nia **tama** ba uma laran.* (He/she enters/entered the house.)
2. *Nia **hatama** kadeira ba uma laran.* (He/she takes/took the chair into the house.)
3. *Bainhira ita sei **to'o** (iha) Dili?* (When will we arrive in Dili?)
4. *Favór ida **hato'o** ha'u-nia surat ba nia.* (Please deliver my letter to him/her.)
5. *Tanba udan boot, dalan **natahu**.* (Due to the big rain, the street gets muddy.)
6. *Tansá mak imi **hatahu** dalan?* (Why do you muddy the street?)
7. *Pramoedya Ananta Toer **mate** iha Jakarta.* (Pramoedya Ananta Toer died in Jakarta.)
8. *Sé mak foin **hamate** komputadór?* (Who has just turned off the computer?)
9. *Sira na'in-rua **tuur** iha varanda.* (The two of them are sitting on the veranda.)
10. ***Hatuur** de'it kopu iha meza leten.* (Just set the glass on the table.)
11. *Sira-nia rikusoin **aumenta** nafatin.* (Their wealth always increases.)
12. *Ha'u sei **aumenta** ó-nia kolen.* (I will increase your salary.)

Williams-van Klinken, Hajek, and Nordlinger (when discussing the serial verbs in *Tetun-Dili*) describe that besides the causative prefix *ha-* (e.g. *hato'o* "deliver" from *to'o* "arrive"), the words *halo* (make, do) and *fó* (give) can be used to make causative constructions.[45] Examples:

1. *Tansá mak ó **hahirus** ha'u?* (Why did you make me angry?)
2. *Sira **halo** ami hirus tebetebes.* (They made us really angry.)
3. *Situasaun aat ne'e **habaruk** ami.* (This bad situation makes us lazy.)
4. *Buat ida-ne'e **halo** ami baruk.* (This matter makes us lazy.)
5. *Molok atu hatais, nia **hariis**.* (Before getting dressed, he/she takes a bath.)
6. *Sé mak sei **fó-hariis** bebé?* (Who will/is going to bathe the baby?)
7. *Sira hotu-hotu **hemu** to'o lanu.* (They all drank until they got drunk.)
8. *Ita-Boot **fó-hemu** ema hotu-hotu be hamrook.* (You give drink to everybody who is thirsty.)
9. *Ami la **hatene** katak sira sei mai tarde.* (We did not know that they would come late.)
10. *Keta **fó-hatene** ema ruma be ó la fiar.* (Don't tell anybody whom you do not trust.)

---

[45] Read at http://www.linguistics.unimelb.edu.au/about/staff_docs/rachel/sv.pdf.

Exercise

1. Translate the following sentences into Tetum.

1. Did you cook rice yesterday?
2. Do not set the computer on the sofa.
3. He will deliver your letter to the president.
4. When did he enter the university?
5. Why did the street get muddy?
6. Who took the glass into the house?
7. They cannot translate this word into Tetum.
8. My mother does not like writing letters.
9. It was not me who painted the *Mona Lisa*.
10. Our wealth does not increase.
11. Are you longing for your home?
12. Do not smoke inside the house.

2. Please read the following poem[46] and mark the verbs.

Poezia bolu ha'u nafatin

Dala barak ha'u sente kole no fraku tebetebes
hodi hatán poezia nia lian be mosu barak
hanesan laloran maka'as bakudór sira
be forsa ha'u hodi fui liafuan ida-idak.

Dala ruma poezia mosu mai hosi mehi furak,
hosi udan nia lian be halo tarutu lahalimar,
hosi feto furak ida be la'o kaer sombrelu,
hosi mota naruk ida be nakonu ho lixu.

Dala ida ha'u la tau matan ba furak ruma,
poezia lailais ukun ha'u-nia matan rua
hodi lailais fihir. Ha'u hanoin no sente,
no liña foun sira sei moris ba mundu.

Yogyakarta, 16 Jullu 2007
Autór: Yohanes Manhitu

---

[46] This poem was published in *Jornál Semanál Matadalan* (Twenty-first Edition, 18–24 November 2013) in Dili, East Timor, and is also available at http://ymanhitu.blogspot.com/2007/08/poezia-bolu-hau-nafatin.html.

B. Tenses

1. Past Tense

Usually, the past tense is simply inferred from the context of a sentence. The adverb of time will make it clear:

1. *Horisehik ami hotu-hotu bá (iha) tasi-ibun.* (Yesterday all of us went to the beach.)
2. *Tinan kotuk nia hela fulan ida iha Dili.* (Last year he/she stayed one month in Dili.)

The word *tiha* (already) can be used with the verb to indicate an action that took place in the past. Usually no adverb of time is applied:

1. *Ami sura tiha karau sira hotu-hotu.* (We counted all the cows.)
2. *Imi kaer tiha na'ok-teen ne'e ka lae?* (Did you capture the thief?)

2. Perfect Tense

The perfect tense can be formed by using *ona* (already) and *tiha ona* (have completely finished). Usually, both forms are placed right after the verb, albeit sometimes after the object:

1. *Abó-mane hemu ona kafé.* (Grandfather has [already] drunk coffee.)
2. *Governu harii tiha ona universidade ida.* (The government has built a university.)

Using *tiha ona* with the negation form *la* (no) indicates that an action no longer occurs:

1. *Pedro la fuma tiha ona.* (Pedro does not smoke anymore.)
2. *Sira la gosta droga tiha ona.* (They do not like drugs anymore.)

To indicate that an action has not taken place, either *seidauk* or *ladauk* (not yet) is used. In this case, neither *ona* nor *tiha ona* is used:

1. *Sira seidauk hato'o ha'u-nia surat.* (They have not delivered my letter.)
2. *Ami ladauk koñese ninia família.* (We have not known his/her family yet.)

3. Simple Present

The simple present tense is intended to indicate a general fact:

1. *Loromatan mosu hosi parte lorosa'e.* (The sun rises from the east.)
2. *Loroloron ami han dala tolu.* (We eat three times a day.)
3. *Ha'u-nia tiun gosta lee poezia.* (My uncle likes reading poems.)

4. Progressive Tense

The progressive tense is formed by placing the word *hela* (stay or still) or *daudaun* (at present) after the verb. When using *hela*, it is possible to put the word *sei* (still) after the subject:[47]

1. *Labarik sira han **hela**.* (The children are eating.)
2. *Labarik sira **sei** han **hela**.* (The children are still eating.)
3. *Estudante ida-ne'e estuda **hela**.* (This student is studying.)
4. *Nina, ó **sei** hariis **hela** ka?* (Nina, are you still taking a bath?)
5. *Ha'u aprende **daudaun** lia-italianu.* (I am learning Italian.)

C. Imperative Mood

The imperative mood is formed by placing the words *bá* (when making a command), *lai* (when making a request), or *took* (when making a request or an invitation) at the end of a sentence:

1. *Haksolok **bá**!* (Rejoice!; Be happy!)
2. *Han no hemu **bá**!* (Eat and drink!)
3. *Tuur **lai**, Maun.* (Just sit down, Brother.)
4. *Mai hananu **lai**.* (Come and sing.)
5. *Koko **took**.* (Try it.)
6. *Ko'alia **took**.* (Speak up.)

In order to forbid something, the word *labele* (do not), *keta* (do not), or *lalika* (do not) is used:

1. ***Labele** ko'alia iha sinema laran!* (Don't speak in the cinema!)
2. ***Labele** lori katana iha sidade!* (Don't carry a machete in the city!)
3. ***Keta** hanehan povu!* (Don't oppress the people!)
4. ***Keta** husik ha'u mesak!* (Don't leave me alone!)
5. *Favór ida **lalika** tanis, doben.* (Please don't cry, darling.)

D. The Passive Voice

When an active sentence is used, one's attention is focused on who is doing the action (agent/doer). However, in a passive sentence, the action is much more important than who is doing the action.

There are two acceptable ways of forming passive sentences in Tetum: 1. by moving the active sentence's direct object into the subject slot before the subject and the verb phrase (where the verb remains in its active form, marked by the prefix *ha-*) 2. by moving the active sentence's direct

---

[47] Sometimes the word *sei* alone (without *hela*) is used to indicate progressive tense, but it might provoke confusion since it also means "will/shall"; for example, *Aban ami sei bá (iha) merkadu.* (Tomorrow we are going to the market.) However, it is possible provided that the interlocutor is fully aware of the situation.

object into the subject position before the verb phrase (where the passive verb is marked by the prefix *hak-*), hardly ever followed by the agent/doer. Examples:

1. *Ami **haruka tiha ona** mensajen ida.* (active) (We **have sent** a message.)
    a. *Mensajen ida ami **haruka tiha ona**.* (passive) (A message **has been sent** [by us].)
    b. *Mensajen ida **hakruka tiha ona**.* (passive) (A message **has been sent**.)
2. *Ó **sei hamoos** karreta ne'e.* (active) (You **will clean** this car.)
    a. *Karreta ne'e ó **sei hamoos**.* (passive) (This car **will be cleaned** [by you].)
    b. *Karreta ne'e **sei hakmoos**.* (passive) (This car **will be cleaned**.)
3. *Nia **harii hela** uma boot.* (active) (He/she **is building** a big house.)
    a. *Uma boot nia **harii hela**.* (passive) (A big house **is being built** [by him/her].)
    b. *Uma boot **hakrii hela**.* (passive) (A big house **is being built**.)

However, the first way above is a more common practice of forming the passive voice in Tetum, especially when using verbs borrowed from Portuguese:

1. *Ali **imprime tiha ona** artigu ida-ne'e.* (active) (Ali **has printed** the article.)
   *Artigu ida-ne'e Ali **imprime tiha ona**.* (passive) (The article **has been printed** by Ali.)
2. *Feto sira-ne'e **sei lee** livru oioin.* (active) (The women **will read** various books.)
   *Livru oioin feto sira-ne'e **sei lee**.* (passive) (Various books **will be read** by the women.)

Besides these two ways, some people, especially in the media, tend to form passive sentences in Tetum by moving the active sentence's direct object into the subject position before the verb phrase (where the passive verb is marked by the prefix *ha-*, instead of *hak-*) and the agent/doer. For example: *Mane ida **haruka tiha ona** hosi[48] ami.* (A man **has been sent** by us.) Due to the absence of a passive verb in the Tetum sentence, one could misunderstand that it is a man who has sent something from us.

E. Reciprocal Verbs

Verbs with the meaning of mutual action are called reciprocal, and this, apparently, is but an enlarged use of the reflexive (Wilson, Scarlyn, p. 115). This statement implies that more than one individual does the action. In Tetum, the doers would be *ita, ami, imi,* and *sira*. Reciprocal verbs in Tetum are formed by putting *malu* after a verb:

1. *Batista no Carla **hadomi malu** tebetebes.* (Batista and Carla love each other very much.)
2. *Tansá mak sira **baku malu** beibeik?* (Why do they always fight each other?)
3. *Nu'udar viziñu, ita tenke **tulun malu**.* (As neighbors we must help each other.)

---

[48] The preposition *hosi* (by) originally means "from."

F. Reflexive Verbs

A reflexive verb in Tetum is formed by placing the reflexive pronoun *an* (oneself) after a verb:

1. *Sira sei nunka **rende an** ba funu-maluk.* (They will never surrender to the enemy.)
2. *Ema ida-ne'e gosta **hahi'i an**.* (This person likes to show off.)
3. *Atubele moris, ita tenke **haka'as an**.* (In order to live we must strive.)

G. Verbs as Object and Subject

All Tetum verbs can be used as objects and subjects (cf. verb + -ing in English):

1. *Adriana gosta **aprende** tetun.* (Adriana likes learning Tetum.)
2. ***Hanorin** matemátika la'ós buat fasil ida.* (Teaching mathematics is not easy.)
3. *Konlisensa, Ita-Boot hakarak **han** saida?* (Excuse me. What would you like to eat?)

H. Verbs Preceded by Prepositions

Verbs can be preceded by prepositions such as *ho* (with) and *hodi* (with, by; [in order] to):

1. ***Ho** hakerek, ita bele manán osan.* (By writing, we can earn money.)
2. *Nia aprende lian **ho** rona rádiu.* (He/she learns languages by listening to the radio.)
3. *Ami husu **hodi** hatene lia-loos.* (We ask [in order] to know the truth.)

I. Honorific Verbs

Honorific verb can be freely defined as a word that refers to an action or to an activity performed by a superior (e.g. a king) and God, as well as a gesture of an inferior toward a superior or the faithful toward God. Like honorific nouns, they are mostly used in ritual speeches or prayers. The following is a list of some honorific verbs, along with their normal Tetum and English equivalents:

Honorific	Normal	English
basa tais	bá li'ur-fatin	to go to the toilet
botu	husu	to beseech, request
hadukur	toba	to sleep
hakraik	hakfó	to be bestowed, granted
halamak	han	to eat
hamaan	lori	to carry (e.g. a statue)
haraik	fó	to give, grant
harona	fó-hatene	to inform, tell (a king)
hasa'e an	mate	to pass away
hasa'e lia	ko'alia	to speak to (a king)

Honorific	Normal	English
hatodan an	tuur	to sit
hatún lia	ko'alia, dale	to speak
hein an	tuur	to sit
hi'it an bá	bá	to go
hi'it an mai	mai	to come
lalin an	mai; bá	to come; go
lia-tun	dehan	to say, tell
likar bá	bá	to go
likar mai	mai	to come
ró-laran nakonu	ko'us, kabuk	to be pregnant (a queen)
sa'u	hariis	to take a bath
titu	hein	to await

Learn more verbs here.

Ita-Boot ko'alia inglés ka lae? (Do you speak English?)
Iha ema ruma be ko'alia inglés ka lae? (Does anyone speak English?)
Ha'u ko'alia portugés uitoan. (I speak a little Portuguese.)
Ha'u aprende daudaun. (I am learning.)
Deskulpa ha'u-nia tetun! (Excuse my Tetum!)
Ha'u (la) komprende. (I [do not] understand.)
Favór ida Ita-Boot ko'alia neineik uitoan. (Could you speak more slowly please?)
Favór ida Ita-Boot dehan fali. (Could you please repeat?)
Oinsá dehan ... hodi tetun? (How do you say ... in Tetum?)
Ne'e katak saida? (What does it mean?)
Oinsá dehan sai liafuan ida-ne'e? (How do you pronounce this word?)
Deskulpa, ó dehan saida? (Pardon, what did you say?)

Lisaun 10

Nia parese oinsá?

Carlos : Jai, aluna foun iha imi-nia klase parese oinsá loos?
Jaime : Nia furak no komik. Tansá mak tekitekir ó hakarak hatene?
Carlos : Ha'u hakarak hetene de'it. Nia badinas iha klase ka lae?
Jaime : Ha'u ladún tau matan, maibé nia parese ulun-mamar.
Carlos : Tebes ka? Tansá mak ó fiar hanesan ne'e?
Jaime : Fasil. Nia bele hatán mestre nia pergunta sira.
Dirce : Carlos, ó hakarak koñese feto-oan ida-ne'e ka?
Carlos : Tuir loloos lae, Mana. Ha'u kuriozu de'it tanba ha'u rona tiha katak nia sempre halo ninia eskola uluk nian naran-boot to'o ba nivel nasionál.
Jaime : Maromak! Entaun, nia sei sai ha'u-nia rivál foun iha klase?
Carlos : Keta ta'uk, Jai! Se ó estuda maka'as, ó sei manán nafatin.

Vocabulary

aluna female pupil
badinas diligent, hard-working
bele can, to be able to; may
entaun so, then, therefore
estuda maka'as to study hard
fasil easy
feto-oan girl
foun new; fresh
furak pretty, lovely, nice; beautiful
halo naran-boot to make famous
hanesan ne'e like this
hatán to answer, to respond
ka or
keta don't
klase class
komik funny
koñese to know, to recognize
kuriozu, -a curious

ladún not very, not so
maibé but, yet
maka'as hard; strong
Mana older sister (term of address)
manán to win; to gain
Maromak! My God!
nivel nasionál national level
oinsá how
parese to seem, to look
pergunta sira questions
rivál rival, competitor
rona to hear; to listen (to)
ta'uk to be afraid
tau matan to pay attention
Tebes ka? Really?
tekitekir suddenly, all of a sudden
tuir loloos in fact, actually
ulun-mamar clever, smart

Grammatical Notes: Adjectives

Tetum has no plural adjectives. And they always come after a noun, except the word *primeiru* in *primeiru-ministru* (prime minister) and some other words borrowed from Portuguese:

1. *Ami-nia uma **foun**.* (Our house is new.)
2. *Ninia karreta **tuan** ona.* (His/her car is already old.)
3. *Paulina sei **klosan** hela.* (Paulina is still young.)
4. *Señora Maria **ferik** ona.* (Mrs. Maria is old.)
5. *Sira na'in-rua **moras**.* (Both of them are sick.)
6. *Ha'u la hemu kafé **midar**.* (I do not drink sweet coffee.)
7. *Lalika **baruk**, Noi!* (Don't be lazy, Miss!)
8. *Feto ida-ne'e **badinas**.* (This woman is diligent.)
9. *Imi-nia gravadór **di'ak** ka lae?* (Is your tape recorder good?)
10. *Lae, nia **aat** ona.* (No, it is already broken.)
11. *Tansá mak sira **hirus** ho ita?* (Why are they angry with us?)
12. *Ha'u buka hela fatin ida be **hakmatek**.* (I am looking for a quiet place.)

Many adjectives are borrowed from Portuguese and usually have the endings *-u* (f. *-a*), *-ór* (f. *-ora*), *-s* (m/f), *-ál* (m/f), *-ante* (m/f), *-ár* (m/f), *és* (f. *-eza*), *-n* (m/f), and *-e* (m/f). Those with masculine and feminine forms should be applied in accordance with the noun gender. Therefore, it is important to know the gender of both nouns and adjectives. Indigenous and neutral adjectives can be used to describe any noun, regardless of its gender and origin.[49] Examples:

1. *kompost**u** kímik**u*** (-u + -u) (chemical compound)
2. *enerji**a** pozitiv**a*** (-a + -a) (positive energy)
3. *profes**ór** emérit**u*** (-ór + -u) (professor emeritus)
4. *grup**u** ameasad**ór*** (-u + -ór) (threatening group)
5. *liafuan poétik**u** sira* (indigenous + -u) (poetic words)
6. *hanoin lójik**u*** (indigenous + -u) (logical thought)
7. *buat komplikad**u*** (indigenous + -u) (complicated matter)
8. *peskizad**ora** sientífik**a*** (-ora + -a) (scientific research)
9. *aspiras**aun** polítik**a*** (-aun + a) (political aspiration)
10. *fasilidad**e** públik**a*** (-e + -a) (public facility)
11. *profes**ora** konservad**ora*** (-ora + -ora) (conservative female teacher)
12. *problem**a** boot* (borrowing + indigenous) (big/serious problem)
13. *esplikas**aun** badak* (borrowing + indigenous) (short explanation)

---

[49] The term *indigenous* refers here to words not borrowed from Portuguese or other languages.

14. nas*aun* hakmatek (borrowing + indigenous) (peaceful nation)
15. literatur*a* rai-na'in (borrowing + indigenous) (native literature)
16. órg*aun* import*ante* (-aun + -ante) (important organ)
17. ema pesim*ista* (indigenous + -ista) (pessimistic person)
18. moris sosi*ál* (indigenous + -ál) (social life)
19. komunikas*aun* or*ál* (-aun + -ál) (oral communication)
20. part*e* vit*ál* (-e + -ál) (vital part)
21. hahalok simpl*es* (indigenous + borrowing) (simple deed/doing)
22. lian nasion*ál* (indigenous + borrowing) (national language)
23. mane garrid*u* (indigenous masculine + -u) (flirtatious man)
24. feto garrid*a* (indigenous feminine + -a) (flirtatious woman)
25. mane bonit*u* (indigenous masculine + -u) (handsome man)
26. feto bonit*a* (indigenous feminine + -a) (beautiful woman)

A number of adjectives ending in **-ór** (formed from borrowing and indigenous verbs and the ending **-ór**) can be preceded by either a masculine or a feminine noun. These adjectives may also function as nouns. Examples:

1. ema hand*ór* (gluttonous person) → hand*ór* (glutton)
2. feto ko'aliad*ór* (talkative woman) → ko'aliad*ór* (talkative person)
3. feto-oan gastad*ór* (wasteful girl) → gastad*ór* (wasteful person)
4. katuas serbisud*ór* (hardworking old man) → serbisud*ór* (hardworking person)
5. mane sisid*ór* (demanding man) → sisid*ór* (demanding person; pest)

Some antonyms:

1. *baratu* (cheap); *karun* (expensive)
2. *besik* (near); *dook* (far)
3. *furak* (pretty, beautiful); *oin-aat* (ugly)
4. *todan* (heavy); *kamaan* (light)
5. *lailais* (fast); *kleur* (long (time))
6. *naruk* (long); *badak* (short)
7. *haksolok* (happy); *laran-kraik* (sad)
8. *riku* (rich); *kiak* (poor)
9. *malirin* (cold); *manas* (hot)
10. *loos* (right); *sala* (wrong)
11. *naroman* (bright); *nakukun* (dark)
12. *lasusar* (easy); *susar* (difficult)
13. *maran* (dry); *bokon* (wet)
14. *nakonu* (full); *mamuk* (empty)

Exercise

1. Translate the following sentences into Tetum.

1. That woman is beautiful.
2. Learning Tetum is easy.
3. His house is full of people.
4. This street is long.
5. Is their house far from yours?
6. You do not believe he is rich.
7. This child is lazy.
8. Is Lucia still young?

2. Please read the following poem and mark the adjectives.

Ai-funan

Ku'u ai-funan ne'e no foti bá, keta hakleur! Ha'u ta'uk keta nia namlaik karik no monu ba rai-rahun.

Karik ha'u la hetan fatin iha ó-nia koroa ai-funan, maibé respeita nia ho ó-nia liman nia moras i ku'u bá. Ha'u ta'uk keta loron ramata molok ha'u laran-moris, no tempu oferenda nian liu tiha ona.

Maski ninia kór la kle'an no karik ninia iis la maka'as, uza took nia iha ó-nia servisu no ku'u nia bainhira tempu sei iha hela.

Tradusaun[50] hosi "Flower", Rabindranath Tagore nia poezia
Tradutór: Yohanes Manhitu, Yogyakarta, 28 Janeiru 2006

A. The Position of Adjectives

1. Attributive Adjectives

Attributive adjectives in Tetum appear after nouns:

1. *alunu **badinas*** (**diligent** pupil)
2. *asu **metan*** (**black** dog)
3. *feto **bonita*** (**beautiful** woman)
4. *jambata **naruk*** (**long** bridge)
5. *kamiza **mutin*** (**white** shirt)
6. *lensu **kinur*** (**yellow** handkerchief)
7. *mane **kmanek*** (**nice** man)

---

[50] This Tetum translation of "Flower", the sixth poem in the famous poetry collection *Gitanjali* of Rabindranath Tagore (the first Indian and first Asian to win the Nobel Prize in Literature in 1913), is also found at http://ymanhitu.blogspot.com/2009/07/ai-funan-flower-hosiby-rabindranath.html. The source version of *Ai-funan* was once available at http://c.students.umkc.edu/cng8t7/gitanjali.html, accessed on 28 January 2006.

2. Predicative Adjectives

Tetum predicative adjectives appear after nouns:

1. *Ami **haksolok**.* (We **are happy**.)
2. *Ami la **beik**.* (We **are** not **stupid**.)
3. *Ita-Boot **moras**.* (You **are sick**.)
4. *Nia **baruk**.* (He/she **is lazy**.)
5. *Ó **neon-lais**.* (You **are clever**.)
6. *Toalla ne'e **bokon**.* (This towel **is wet**.)
7. *Uma ida-ne'e **tuan**.* (The house **is old**.)

B. Degree of Comparison

❏ **Positive (normal adjectives)**

E.g.
1. *Nia **hamlaha**.* (He/she is hungry.)
2. *Carla **krekas**.* (Carla is thin.)
3. *Narita **furak**.* (Narita is beautiful.)

❏ **Comparative**

❖ **Inferiority**

E.g.
1. *Sira **menus di'ak duké** ami.* (They are worse than we are.)
2. *Ha'u **menus ta'uk duké** nia.* (I am less afraid than he/she is.)
3. *Amélia **menus furak duké** Joana.* (Amélia is less beautiful than Joana.)

❖ **Equality**

E.g.
1. *Ami **mós di'ak hanesan** sira.* (We are as good as they are.)
2. *Nia **mós ta'uk hanesan** ha'u.* (He/she is as afraid as I am.)
3. *Joana **mós furak hanesan** Amélia.* (Joana is as beautiful as Amélia.)

❖ **Superiority**

E.g.
1. *Ami **di'ak liu duké/liután** sira.* (We are better than they are.)
2. *Nia **ta'uk liu duké/liután** ha'u.* (He/she is more afraid than I am.)
3. *Joana **furak liu duké/liután** Amélia.* (Joana is more beautiful than Amélia.)

- **Superlative**

    - **Absolute Superlative**

        E.g. 1. *Lia-latín **susar tebes***. (The Latin language is very difficult.)
        2. *Ninia feen **furak tebes***. (His wife is very beautiful.)
        3. *Sira **badinas tebes***. (They are very diligent.)

Absolute superlatives can also be formed from adjectives by reduplication, and most of these superlatives function as adverbs:

barak (much, many) → *barabarak* (very much, many)
boot (big, great) → *boboot* (huge, enormous)
di'ak (good) → *didi'ak* (very good)
foun (new) → *foufoun* (very new)
furak (beautiful) → *furafurak* (very beautiful)
ikus (last) → *ikuikus* (the very last, final)
konu (full) → *konu-konu* (very full)
manas (hot) → *manamanas* (very hot)
moos (clean) → *momoos* (spotless)
tanan (simple) → *tanatanan* (very simple)

Notice the following sentences for practical usage:

1. *Atubele harii uma **boboot**, ita tenke iha osan **barabarak***. (In order to build an enormous house, we must have very much money.)
2. *Katuas ida-ne'e nia oan-feto sira **furafurak**, no sira-nia vestidu **foufoun***. (This old man's daughters are very beautiful, and their dresses are very new.)
3. *Sira dehan katak feto ida-ne'e nia laran **didi'ak** no ninia kulit **momoos***. (They said that the woman is very kindhearted and her skin is spotless.)

    - **Relative Superlative**

        E.g. 1. *Lia-latín mak lian **susar liuhotu** ne'ebé ha'u aprende tiha ona.*[51]
        (Latin is the most difficult language I have learned.)
        2. *Ninia feen mak feto **furak liuhotu** iha knua ida-ne'e.*
        (His wife is the most beautiful woman in the village.)
        3. *Sira mak ema **badinas liuhotu** ne'ebé ha'u koñese.*
        (They are the most diligent people that I know.)

---

[51] The use of *liuhotu* (*liu* + *hotu*) is in line with the way of forming the words *liután* (*liu* + *tan*) and *liutiha* (*liu* + *tiha*). However, it should be acceptable to use *liu hotu* to mean "most"; for example, *boot liu hotu* (the biggest.)

Lisaun 11

Keta halai lailais demais

Apá : Carlos, ó atu bá iha-ne'ebé? Loromatan besik atu tun ona, Anó.
Carlos : Ha'u atu bá (iha) kolega nia uma. Ami atu estuda hamutuk.
Jaime : Di'ak, maibé keta kleur demais. Mai fali sedu.
Carlos : Di'ak, Apá. Ami sei estuda oras rua de'it.
Amá : Anó, ó sei bá sa'e saida?
Carlos : Bisikleta, Amá. Hanesan baibain.
Amá : Sa'e didi'ak i keta halai lailais demais.
Dirce : Amá, Carlos toman ona sa'e bisikleta. La buat ida.
Apá : Tenke kuidadu nafatin tanba agora estrada rame loos.

Vocabulary

Anó polite term of address for younger men and teenage boys
besik atu tun ona to be about to set
bisikleta bicycle
demais too
estrada road, highway
estuda hamutuk to study together
halai lailais to ride fast (lit. to run fast)
hanesan baibain as usual

kleur demais too long (time)
kuidadu to be careful
loos very
loromatan the sun
rame busy; crowded
sa'e to board (a vehicle)
saida what
sedu early
toman to be accustomed to; to get used to

Grammatical Notes: Adverbs

Adverbs in Tetum usually come after a verb, but their position may change, according to what the speaker intends to say. Many Tetum adverbs of mood are of Portuguese origin.

A. Adverbs of Place

Examples:

besik (near)
dook (far)
iha kraik (at the bottom)
iha laran (inside)
iha leten (above, on top)

iha li'ur (outside)
iha okos (beneath)
iha tutun (on top)
iha-ne'e (here)
iha-ne'ebá (there)

1. *Ami hela **iha-ne'e** tinan lima ona.* (We have been living here for five years.)
2. *Angelina nia uma **besik** mota.* (Angelina's house is near the river.)
3. *Sira gosta estuda **iha-ne'ebá**.* (They like studying there.)
4. *Ó serbisu **dook** hosi uma.* (You work far from home.)
5. *Nia tuur **iha laran**.* (He/she is sitting inside.)

B. Adverbs of Time

Examples:

aban (tomorrow)	*nafatin* (always)
aban bainrua (in the future)	*nunka* (never)
agora (now)	*ohin* (today)
bainrua (the day after tomorrow)	*ona* (already)
beibeik (always; often)	*oras ne'e* (now, at the moment)
dala ruma (sometimes)	*orasida* (later)
depois (after, afterward(s))	*saan* (early)
entaun (then, so)	*sedu* (early)
hafoin (then, next, after that)	*sei* (still)
horibainrua (the day before yesterday)	*seidauk* (not yet)
horisehik (yesterday)	*sempre* (always)
ikus (last)	*tarde* (late)
ladauk (not yet)	*uluk* (first)
liutiha (after, afterward(s))	*ulukliu* (first [of all])
	uluknana'in (first [of all])

1. ***Agora** sé mak seidauk komprende?* (Now who does not understand yet?)
2. ***Aban** ha'u sei bá (iha) Londres.* (Tomorrow I am going to London.)
3. ***Horisehik** sira mai haree ha'u.* (Yesterday they came to see me.)
4. ***Dala barak** ha'u la bele komprende nia.* (Many times I do not understand him/her.)
5. ***Dala ida** ami hasoru malu iha Bali.* (Once we met in Bali.)
6. *Di'ak liu imi mai **sedu**.* (You had better come early.)
7. *Nia hemu kafé, **hafoin** han paun.* (He/she drank coffee, then ate bread.)
8. *Estudante sira **seidauk** mai.* (The students have not come yet.)
9. *Ne'e mak ita sei halo **uluk**.* (This is what we will do first.)

C. Adverbs of Mood

The adverbs of mood in Tetum consist of four types:

1. Adverbs of mood are formed by repeating adjectives or nouns. It is basically an incomplete repetition: The word is partially repeated. Usually, the final vowel is omitted or only the first syllable is repeated:

    di'ak (good) → *didi'ak* (well)
    diuk (deaf) → *didiuk* (stubbornly, persistently)
    foun (new) → *foufoun* (newly, recently)
    kalan (night) → *kalakalan* (nightly)
    lais (quick, rapid) → *lailais* (quickly, rapidly)
    loos (exact, correct) → *loloos* (exactly, correctly)
    loron (day) → *loroloron* (daily)
    tekir (sudden, quick) → *tekitekir* (suddenly, quickly)

    1. *Filipe hatene **loloos** ha'u mai hosi ne'ebé.* (Filipe knows exactly where I come from.)
    2. *Ami halai **lailais** ba kuartél polísia nian.* (We ran quickly to the police station.)
    3. *Tansá mak ó sai **kalakalan**?* (Why do you go out every night?)
    4. ***Tekitekir** ami rona nia tanis.* (Suddenly we heard him/her crying.)
    5. *Nia **foufoun** sosa karreta ida.* (He/she has recently bought a car.)

    Note: The adverb *lailais* is sometimes spelled *lalais*. In order to avoid confusion with *la lais* (not quick), I would suggest that the first form be used.

2. Adverbs of mood are formed by giving the termination *-mente* to the adjectives adopted from Portuguese, which consist of adjectives ending in *-l*, *-e*, and *-u* (usually the termination *-mente* is added to the feminine form, ending in *-a*, not the masculine one):

    ezatu, -a (exact) → *ezatamente* (exactly)
    kompletu, -a (complete) → *kompletamente* (completely)
    naturál (natural) → *naturalmente* (naturally)
    relativu, -a (relative) → *relativamente* (relatively)
    resente (recent) → *resentemente* (recently)

    1. ***Infelizmente** ami la iha osan.* (Unfortunately we don't have money.)
    2. *Ami hatene **ezatamente** nia hela iha-ne'ebé.* (We know exactly where he/she lives.)
    3. *Ai-kuda sira-ne'e moris **naturalmente**.* (These plants grow naturally.)
    4. *Ema sira-ne'ebá **relativamente** haksolok.* (Those people are relatively happy.)
    5. *Imi na'in-rua **kompletamente** oin-ketak.* (Both of you are completely different.)

3. Adverbs of mood are formed by placing the preposition *ho* (with) or *lahó, lahodi,* or *laiha* (without) before a noun or a noun phrase:

   ho dame (peacefully; lit. with peace)
   ho laran tomak (wholeheartedly; lit. with one's whole heart)
   ho laran-moos (honestly; lit. with pure heart/honesty)
   lahó moe (shamelessly; lit. without shame)
   lahodi kole (tirelessly; lit. without fatigue)

   1. *Oinsá ita bele moris **ho dame**?* (How do we live peacefully?)
   2. *Ha'u sei simu ó **ho laran tomak**.* (I will accept you wholeheartedly.)
   3. *Ita tenke serbisu **ho laran-moos**.* (We have to work honestly.)
   4. *Sira hatán nia **lahó ta'uk**.* (They answered him/her fearlessly.)
   5. *Nia serbisu **lahodi kole**.* (He/she works tirelessly.)

4. Adverbs of mood are expressed by using a single attributive adjective only:

   baibain (usual; normal) → *baibain* (usually, normaly)
   hakmatek (quiet, calm) → *hakmatek* (quietly, calmly)
   kapás (nice) → *kapás* (nicely)
   sala (wrong) → *sala* (wrongly)

   1. *Iha-ne'e ema bele moris **hakmatek**.* (Here people can live quietly.)
   2. *Feto ida-ne'e hananu **kapás**.* (This woman sings nicely.)
   3. *Tansá mak ó tuur **hakmatek**?* (Why do you sit quietly?)
   4. ***Baibain** nia mai mesak.* (Usually he/she comes alone.)
   5. *Ó sempre ko'alia **sala**.* (You always speak wrongly.)

D. Adverbs of Quantity

Examples:

demais (too, too many/much)	*nato'on* (enough, sufficient)
hela (quite)	*pelumenus* (at least)
hira (how many/much)	*resik* (too, excessively)
kuran (less)	*resikliu* (too many/much)
liu (more)	*tebes* (very, so)
loos (very, so)	*uitoan* (a little bit; somewhat)
menus (less)	*uitoan-uitoan* (little by little)

1. *Ó tenke han **uitoan**.* (You must eat a little.)
2. *Mai ita aprende **uitoan-uitoan**.* (Let's learn little by little.)
3. ***Pelumenus** ó hatene ninia naran.* (At least you know his/her name.)
4. *Buat ida-ne'e **menus** importante.* (This matter is less important.)
5. *Tasi-ibun ne'e besik **hela**.* (The beach is quite near.)
6. *Sira-nia moris di'ak **loos**.* (Their life is very good.)

E. Adverbs of Negation

Example: *lae* (no) ***Lae**, ha'u la komprende.* (No, I do not understand.)

F. Adverbs of Affirmation

Examples:

ho serteza (certainly, definitely)

konserteza (certainly, definitely)

mós (also, too)

tebes (certainly, indeed)

tebetebes (certainly, indeed)

1. *Prezidente **mós** sei mai iha-ne'e.* (The president will also come here.)
2. ***Konserteza** la'ós nia mak ó hadomi.* (Certainly it is not him/her that you love.)
3. *Rosa **mós** ko'alia italianu uitoan.* (Rosa also speaks a little Italian.)
4. *Sabina nia uma boot **tebetebes**.* (Sabina's house is very big.)
5. *Fatin ki'ik ne'e di'ak **tebes**.* (This small place is very nice.)

G. Adverbs of Doubt

Examples:

kala (maybe, perhaps)

karik (maybe, perhaps)

keta ... karik (perhaps, maybe)

1. ***Kala** la fasil, maibé ita tenke prova.* (Maybe it's not easy, but we must try.)
2. ***Karik** ó fiar katak nia bulak.* (Maybe you believe that he/she is crazy.)
3. ***Keta** sira la mai **karik**.* (Perhaps they won't come.)

H. Adverbs of Contrast

Examples:

ademais (moreover)

biar (even)

iha realidade (in reality)

mezmu (even)

tuir loos/loloos (in fact)

1. ***Tuir loos****, ami la konvida sira atu mai.* (Actually, we didn't invite them to come.)
2. *Haree took! Udan tau **mezmu** iha bailoro.* (Look! It rains even in the dry season.)
3. ***Biar*** *beik-teen mós bele komprende nia.* (Even an idiot can understand it.)
4. ***Iha realidade****, sira riku no laran-di'ak.* (In reality, they are rich and kind.)
5. ***Ademais****, sira naran-boot tebes.* (Moreover, they are very famous.)

I. Adverbs of Limitation

Examples:

besik atu (almost)

de'it (only, just)

kuaze (almost)

só ... de'it (only)

1. *Sira **besik atu** mate ona.* (They are almost dead.)
2. *Rona **de'it**. Keta husu.* (Just listen. Don't ask.)
3. *Ami hatene **só** ninia naran **de'it**.* (We know only his/her name.)
4. ***Kuaze*** *estudante sira hotu-hotu falta.* (Almost all the students are absent.)

Some antonyms:

1. *lailais* (fast); *neineik* (slowly)
2. *besik* (near, almost); *dook* (far)
3. *loroloron* (everyday); *kalakalan* (every night)
4. *hakmatek* (peacefully, quietly); *lahakmatek* (restlessly)
5. *lakleur* (soon); *kleur* (not soon)
6. *hamutuk* (together); *mesak* (alone)
7. *didi'ak* (carefully, very well); *naranaran* (carelessly, chaotically)
8. *ho ksolok* (happily); *ho susar* (unhappily)

Adverb Degrees of Comparison

- **Positive (normal adverbs)**

    1. *Katuas ida-ne'e la'o **neineik**.* (The old man is walking slowly.)
    2. *Ita tenke serbisu **lailais**.* (We must work quickly.)
    3. *Feto-oan ida-ne'ebá hela **mesak**.* (That young lady lives alone.)

- **Comparative**

    - **Inferiority**

        1. *Labarik ida-ne'e han **menus lailais duké** ida-ne'ebá.* (This child eats less quickly than that one.)
        2. *Jaime serbisu **menus maka'as duké** António.* (Jaime works less hard than António.)

    - **Equality**

        1. *Diana estuda **mós maka'as hanesan** Ana.* (Diana studies as hard as Ana.)
        2. *Elvira hananu **mós furak hanesan** Carolina.* (Elvira sings as nicely as Carolina.)

    - **Superiority**

        1. *Nia hakerek **di'ak liu duké/liután** ha'u.* (He/she writes better than I do.)
        2. *Dewi mai **sedu liu duké/liután** Shinta.* (Dewi comes earlier than Shinta.)

Exercise

1. Translate the following sentences into Tetum.

1. Carlos lives near the market.
2. Can we live peacefully?
3. They work together here.
4. I don't recognize these people yet.
5. Do you always eat fast?
6. Why does she sit restlessly?
7. Don't speak carelessly.
8. Actually, his name is not Jorge.

9. My wife wants to get up early.
10. You must drink a little.
11. Yesterday I ate in that restaurant.
12. He also says we can study together.

2. Please read the following paragraph and mark the adverbs.

Tiu Pedro ne'e katuas ida be gosta serbisu maka'as iha to'os no natar. Ohin udan tau boot tebetebes, ne'e-duni nia hela de'it iha uma laran. Maski nune'e, nia lakohi lakon tempu. Envezde tuur bilán, nia foti revista ida-ne'ebé foufoun ninia oan haruka mai hosi sidade-inan. Nia lee ho atensaun boot tahan ba tahan hodi buka informasaun kona-ba hakiak ikan. Kala minutu sanulu liutiha, ninia oan-feto mai ho kafé iha kaneta ida. Besik atu kalan ona, maibé udan sei tau hela. No Tiu Pedro sei kaer hela revista. Biar nunka eskola to'o nivel universidade nian, lahó moe no lahodi kole nia buka nafatin matenek oioin, mezmu hosi livru no jornál tuan. Sedu liu duké baibain, nia husik hela revista agrikultura nian ida-ne'e atu han-kalan ho ninia família, i lakleur mehi hamaluk sira.

Lisaun 12

Simu surat eletróniku hosi tasi-balun

(*Dirce is telling Carlos about an e-mail she has received from abroad.*)

Dirce : Ohin ha'u simu surat eletróniku[52] ida hosi tasi-balun.
Carlos : Sé mak haruka surat ida-ne'e ba ó? Ita-nia tiun?
Dirce : Kolega ida be ha'u koñese liuhosi internet.
Carlos : Di'ak. Hori bainhira imi sai kolega?
Dirce : Hori fulan kotuk. Seidauk kleur.

(*Jaime has just arrived and joins them.*)

Jaime : Olá! Imi na'in-rua ko'alia kona-ba saida?
Dirce : Kona-ba surat eletróniku be ha'u simu hosi kolega.
Jaime : Ne'e surpreza. To'o ohin, ha'u nunka simu surat.
Carlos : Ha'u mós hanesan de'it, menus postál hirak.
Dirce : Imi tenke mantein kontaktu ho kolega sira.
Jaime : Relasaun entre kolega ne'e importante.
Carlos : Hodi liafuan seluk, keta haluha malu.
Dirce : Imi na'in-rua matenek tebetebes.

Vocabulary

ba to; for
entre between, among(st)
fulan kotuk last month
halu malu to forget each other
hanesan de'it just the same
haruka to send
hirak a few, several
ho with
hodi by, in
hodi liafuan seluk in other words
hori since
hosi from
importante important
internet internet

liuhosi through, via
mantein kontaktu to keep in touch
matenek intelligent; wise
menus except; less
mós also, too
nunka never
ohin today
postál postcard
relasaun relation
sai to become; to go out
saida what
seidauk not yet
simu to receive, get
surat eletróniku electronic mail, e-mail

---

[52] Either *korreiu eletróniku*, *surat eletróniku*, or *e-mail* may be the equivalent of *electronic mail*.

keta don't
kleur long (time)
kolega (sira) friend(s)
kona-ba about, concerning
koñese to know, to recognize

surpreza surprise
tasi-balun abroad
tebetebes very (much), extremely
tenke to have to, must, has to, ought to
to'o ohin until today

Grammatical Notes: Prepositions

A preposition does not have any lexical meaning, but it does have grammatical meaning. It does not have meaning form itself; rather, its value and weight is determined by its relation to other words in a phrase or sentence. Its function is to indicate the relation between the constituent in front of the preposition and the one after it. The following are most of the Tetum prepositions:

alende (besides, apart from)
antes (before)
apezarde (in spite of, despite)
até (until)
ba (to [not towards the speaker]; for; into; as)
durante (during)
entre (between; among[st])
envezde (instead of)
hadulas (around)
hakat (across)
haktuir (according to; concerning, about)
hale'u (around)
halolok (straight to, in the direction of)
hanesan (like, as)
hasoru (against; toward[s])
hatutuk (straight toward[s]/for)
ho (with)
hodi (by, with)
hori (since, from)
hosi (from)
iha (in, into; to; at; on)

kala (approximately, about)
kona-ba (about, concerning)
konforme (according to)
kontra (against, versus)
kotuk (behind)
kuaze (almost)
lahó (without)
lahodi (without)
laiha (without)
lato'o (within [a space of time])
leet (between, among[st])
liu (after, following)
liutiha (after[wards])
mai (to [towards the speaker])
menus (except)
molok (before; in front of)
nu'udar (as)
okos (under)
rabat (right next to, side by side with)
sobre (about, concerning)
tan (because of, for the sake of)
tanba (because of, owing to)
to'o (as far as; until)
tuir (after; according to, as; through)

Sample sentences using prepositions:

1. **Alende** *hakerek livru, nia tradús poezia.* (Besides writing books, he/she translates poetry.)
2. *Rain hotu-hotu funu* **hasoru** *terrorizmu.* (All countries fight against terrorism.)
3. **Kala** *ema rihun ida kona SIDA.* (About a thousand people are infected by AIDS.)
4. **Molok** *sábadu, nia tenke selu tusan.* (Before Saturday, he/she must pay the debts.)
5. *Sira tuur* **hadulas** *meza atu matabixu.* (They sit around the table to have breakfast.)
6. *Karreta halai* **halolok** *ba kuartél-jenerál.* (The car ran straight to the headquarters.)
7. **Hodi** *sinál ida-ne'e, ó sei manán nafatin.* (By this sign, you will always win.)
8. **Lahó** *osan, ema la bele sosa sasán.* (Without money, people cannot buy things.)
9. *Ita tenke haruka labarik sira* **ba** *eskola.* (We must send children to school.)
10. *Tuir loloos, ne'e la buat ida* **mai** *ha'u.* (In fact, it does not matter to me.)

Exercise : Translate the following sentences into Tetum.

1. I want to live in the city.
2. He does not come because of the rain.
3. The book is under the table.
4. According to him, you are wrong.
5. We will go as far as the river.
6. Where does he come from?
7. During the holiday, he stayed here.
8. In spite of the rain, he will come.
9. I work here since last year.
10. She hides behind the door.

Lisaun 13

Hakarak sosa, maibé la soi osan

(*Carlos is talking to Dirce about the computer he wants to buy.*)

Carlos : Ha'u-nia komputadór lakin no la di'ak ona.
Dirce : I ó hakarak sosa komputadór foun ka?
Carlos : Tebes, maibé agora ha'u la soi osan ida.
Dirce : Di'ak liu ó poupa lai. Kuandu osan feta ona, ó bele sosa.
Carlos : Obrigadu! Maski kleur, ha'u sei tuir konsellu ne'e.

(*Jaime seems to have a solution to the problem.*)

Jaime : Hein uitoan! Ha'u iha solusaun ida be karik di'ak no lais.
Carlos : Se di'ak, ha'u sei halo tuir. Maibé ne'e saida loos, Jai?
Jaime : Rona took! Se ó presiza tebetebes, ita fa'an de'it komputadór tuan ida-ne'e i depois ita na'in-tolu kobra osan hodi sosa ida be foun. Ó sei bele fó fali ami-nia osan.
Carlos : Obrigadu barak, Jai. Ne'e solusaun di'ak. Ha'u kontente loos.
Dirce : Enkuantu imi ko'alia, ha'u atu sai ba banku hodi foti osan.
Jaime : Bravu! Bravu! Entaun, ideia ne'e sei sai realidade.
Carlos : Dala ida tan, obrigadu barak ba imi na'in-rua.
Dirce : Maun-alin tenke tulun malu, loos ka lae?

Vocabulary

agora now; at present
bainhira when
banku bank
bele can, could; may
bravu! bravo! well done!
dala ida tan once more
di'ak good; nice
di'ak liu better
enkuantu while, as
entaun so, then
feta enough, sufficient
foti to take
furak beautiful, nice
hakarak to want, wish; to like
halo tuir to follow

hein uitoan! wait a moment!
i and
ideia idea, thought
ita na'in-tolu the three of us
kobra osan to collect money
komputadór computer
konsellu advice
kontente loos very happy
la not (negative marker)
lais quick, rapid
maibé but, however
maun-alin brothers and sisters
no and
osan money
poupa to save money

sai realidade to come true
saida what
sei will, shall

soi to have, to possess
solusaun solution
sosa to buy, to purchase

Grammatical Notes: Conjunctions

A conjunction relates two language units of the same grade (level): word to word, phrase to phrase, or clause to clause. Most of the Tetum conjunctions are as follows:

atu ([in order] to; for [the purpose of])
atubele (in order to)
bainhira (when)
basá (because, for)
biar (although)
biar nune'e (nevertheless)
duké (than)
embora (although)
favór ida (please)
i (and)
ka (or)
katak (that)
kuandu (when)
labele (not to)
maibé (but, however)

mais (but)
maski (although, though)
maski nune'e (nevertheless)
mézmuke (even though, although)
molok (atu) (before)
momentu (while, as)
naran (any)
nein (neither; nor)
no (and)
nu'udar (as, like)
para (in order to, so that)
porfavór (please)
se (if, whether)
selae (if not, otherwise)
tanba (because, since)

Sample sentences using conjunctions:

1. *Albina furak liu **duké** Nina.* (Albina is more beautiful than Nina.)
2. *Nuno bolu, **maibé** sira la hatán.* (Nuno calls, but they don't answer.)
3. *Nia hateten ba sira atu **labele** sai.* (He/she told them not to go out.)
4. *Ita-Boot hakarak hemu kafé **ka** xá?* (Would you like to drink coffee or tea?)
5. *Ha'u fiar **katak** ó sei la haluha ha'u.* (I believe that you won't forget me.)
6. ***Molok atu** bá, ha'u sei dehan adeus ba ó.* (Before I go, I will say goodbye to you.)
7. ***Nein** osan **nein** domin haksolok nia.* (Neither money nor love makes him happy.)
8. *Doben, **favór ida** hateten loloos mai ha'u.* (Darling, please tell me the truth.)
9. *Bolu ha'u **bainhira** ó presiza ajuda.* (Call me when you need help.)

Exercise : Translate the following sentences into Tetum.

1. Those people are richer than we are.
2. Please come quickly, Doctor.
3. Any student can meet him.
4. You and I are not enemies.
5. I know you love him.
6. When you come, I will be here.
7. In order to live, you must work.
8. Before you go, please say goodbye.
9. I intend to buy it, but it is too expensive.
10. You must go; otherwise, he will be angry.

Atubele haree momoos objetu sira iha lalehan, astrónomu sira presiza ferramenta kapás ida naran teleskópiu.

Lisaun 14

Ei! Imi atu bá iha-ne'ebé?

Jaime : Ha'a! Carlos, loja komputadór nian besik atu taka ona.

Carlos : Inau! Tansá mak ó la hateten lailais ha'u?

Jaime : Deskulpa, ha'u hanoin, ó hatene ona.

Carlos : Mai ita bá ona! Ita labele atrazadu.

(*Carlos and Jaime suddenly leave the house, saying nothing to Dirce.*)

Dirce : Ei! Imi atu bá iha-ne'ebé? Apá no Amá hatene tiha ona ka lae?

Carlos : Ami atu bá (iha) loja komputadór nian. Mana hein de'it.

Jaime : Favór ida hateten Apá no Amá. Ami sei mai lailais.

Dirce : Kuidadu! Keta sosa komputadór aat ida.

(*The father is coming out from his room.*)

Apá : Ó-nia alin sira iha-ne'ebé? Estuda hela iha kuartu laran ka?

Dirce : Deskulpa, Apá. Sira foin bá (iha) loja komputadór nian.

Apá : Loja komputadór nian? Sira atu sosa komputadór ka?

Dirce : Lae, Apá. Carlos hakarak troka ninia komputadór be lakin ona no la funsiona didi'ak. Ami kobra tiha osan atu nia bele sosa ida be foun. Sira sei sosa kedas.

Apá : Epena! Tansá mak imi la fó-hatene nanis ha'u ka imi-nia amá?

Dirce : Deskulpa, ami lakohi fó susar ba Apá no Amá. La buat ida, osan ne'e mós mai hosi Apá no Amá rasik, maibé ami mak haka'as an atu poupa.

Apá : Bravu! Imi na'in-tolu ne'e oan kapás duni. Amá ho ha'u laran-haksolok tebes.

Dirce : Ami mós laran-haksolok tebes, Apá. Obrigada tanba konfiansa ida-ne'e.

Apá : Nada, Noi. Ita espera de'it katak sira sei sosa komputadór be di'ak.

Vocabulary

aat broken; bad; ugly
atrazadu be late
atu to be going to; to intend to
besik atu taka ona to be about to close
bravu! bravo! well done
deskulpa! sorry! excuse me!
duni indeed, really
ei! hey!
epena! it's a pity!
espera to hope

estuda hela to be studying
fó susar ba to give trouble to
fó-hatene nanis to warn
funsiona to function
ha'a! ah!
haka'as an to strive
hanoin to think, to consider
hateten to say, to tell
hein de'it just wait
ida be foun a new one

imi na'in-tolu the three of you
kapás duni very nice indeed
kedas immediately
kobra osan to collect money
konfiansa trust
kuidadu! be careful!
la buat ida it doesn't matter
labele don't
lae no
lailais quickly; early
lakin very old

lakohi not to want
laran-haksolok glad, proud
loja shop, store
loja komputadór nian computer store
mai ita let us, let's
mós also
Nada! You're welcome!
poupa to save (money)
tanba for (the sake of)
tansá mak why
troka to replace

Grammatical Notes: Interjections

An interjection is a word used to express surprise, annoyance, gratitude, etc. In other words, it is used to express emphatic feelings. Tetum interjections are roughly classified as follows:

1. Interjection of annoyance: *filludaputa! (fidadaputa!), porra!*[53]
2. Interjection of call: *ei!, hei!, olá!, oi!, oia!,* (for hens) *kuru-kuru!*
3. Interjection of certainty: *pois!*
4. Interjection of disgust: *hih!, ih!, oak!*
5. Interjection of fear: *adé!, adei!*
6. Interjection of gratitude: *obrigadu/a!, obrigadiñu!*
7. Interjection of hope: *rahun-kmanek!*
8. Interjection of invitation: *mai!, kalma!*
9. Interjection of permission: *konlisensa!*
10. Interjection of praise: *bravu!, viva!, urra!, ave!*
11. Interjection of regret: *eepa!, deskulpa!, perdaun!*
12. Interjection of surprise: *aió!, ha'a!, inaferik!, opa!, hele!*
13. Interjection of warning: *sentidu!, kuidadu!, matan-moris!*

The following sentences indicate how some of these interjections are applied. It is worth remembering that it is sometimes difficult or even impossible to translate an expression.

1. *Porra! Tansá mak nia na'uk tan?* (**Damn!** Why did he steal again?)
2. *Oi, hein uitoan!* (**Hey**, wait a minute!)
3. *Hih, hahán ne'e siin ona.* (**Ugh**, this food is already spoiled.)
4. *Konlisensa, ha'u tenke bá ona.* (**Excuse me**, I have to go now.)

---

[53] It is worth remembering that these words have a vulgar connotation; using them could offend people.

5. *Deskulpa*[54], *ha'u la komprende.* (**Sorry**, I don't understand.)
6. *Inaferik! Uma ne'e boot lahalimar!* (**Wow!** This house is extremely big!)
7. *Kuidadu! Tudik ida-ne'e kro'at.* (**Be careful!** The knife is sharp.)

---

[54] The word *deskulpa* also means "apology" and "to excuse."

Lisaun 15

Ó bele tulun ha'u ka lae?

(There is a problem with Carlos' new computer. He needs help.)

Carlos : Jai, komputadór mate tekitekir de'it. Ó bele tulun ha'u ka lae?
Jaime : Tulun atu hadi'a komputadór? Ha'u la bele no la hatene.
Carlos : Lae, haree took elétriku-fatin. Nia mate ka moris hela.
Jaime : Kalma! Ne'e ha'u bele halo. Elétriku-fatin iha-ne'ebé?
Carlos : Inaferik! Ó la hatene atu hetan buat ne'e iha-ne'ebé?

(Their father has just arrived from the office and is entering the house.)

Apá : Olá! Hei, imi na'in-rua de'it mak iha uma ka? Amá no Dirce?
Jaime : Sira na'in-rua bá (iha) supermerkadu atu sosa sasán ruma.
Apá : Di'ak! I Carlos, tansá mak ó hanesan bilán tebetebes?
Jaime : Apá, Maun Carlos nia komputadór foin mate tekitekir.
Carlos : La buat ida, Apá! Karik elétriku-fatin mak mate hela.
Apá : Lae, ahi-oan iha garajen lakan. La iha problema.
Carlos : Entaun, ha'u tenke bolu tékniku atu mai lailais.
Apá : Ne'e mak solusaun di'ak. Nia sei bele ajuda.

Vocabulary

ahi-oan lamp, light
ajuda to help, to assist
bele to be able, can, may
bilán confused
bolu to call
elétriku-fatin power point
entaun so, so then
garajen garage
hadi'a to mend, to repair
inaferik! wow!, good heavens!
Kalma! Take it easy! Calm down!
la buat ida it doesn't matter
la iha problema no problem

lakan to be on (about a light or fire, etc.)
mate to die; dead; out (of a light or fire, etc.)
maun brother; Brother (term of address)
ne'e mak it is; this is
sasán ruma some things
solusaun di'ak good solution
sosa to buy
supermerkadu supermarket
tansá why
tekitekir de'it just suddenly, just all at once
tékniku technician
tenke to have to, must, has to, ought to
tulun to help, to assist

Grammatical Notes: Modals

Modals in Tetum do not change in accordance with the subject of a sentence or clause. In the following sentences, notice both the affirmative and negative forms of the modals:

1. *bele* (to be able, can, may)
    1. *Alberto **bele** ramata estuda iha tinan ida-ne'e nia laran.*
       (Albert **can** finish his studies in this year.)
    2. *Ha'u **bele** ajuda ó hadi'a rádiu.* (I **can** help you repair the radio.)

2. *la bele* (cannot, may not)
    1. *Alberto **la bele** ramata estuda iha tinan ida-ne'e nia laran.*
       (Albert **cannot** finish his studies in this year.)
    2. *Ha'u **la bele** ajuda ó hadi'a rádiu.* (I **cannot** help you repair the radio.)

3. *sei* (will, shall; would)
    1. *Alberto **sei** ramata estuda iha tinan ida-ne'e nia laran.*
       (Albert **will** finish his studies in this year.)
    2. *Ha'u **sei** ajuda ó hadi'a rádiu.* (I **will** help you repair the radio.)

4. *sei la* (will not, won't; shall not; would not)
    1. *Alberto **sei la** ramata estuda iha tinan ida-ne'e nia laran.*
       (Albert **will not** finish his studies in this year.)
    2. *Ha'u **sei la** ajuda ó hadi'a rádiu.* (I **will not** help you repair the radio.)

5. *tenke* (to have to, must, has to, ought to)
    1. *Alberto **tenke** ramata estuda iha tinan ida-ne'e nia laran.*
       (Albert **must/has to** finish his studies in this year.)
    2. *Ha'u **tenke** ajuda ó hadi'a rádiu.* (I **must/have to** help you repair the radio.)

6. *la tenke* (do/doesn't have to)
    1. *Alberto **la tenke** ramata estuda iha tinan ida-ne'e nia laran.*
       (Albert **doesn't have to** finish his studies in this year.)
    2. *Ha'u **la tenke** ajuda ó hadi'a rádiu.* (I **don't have to** help you repair the radio.)

When forbidding an action, *labele* (*la* + *bele*), not *la bele* (cannot, may not), is applied:

1. ***Labele** soe lixu iha-ne'e!* (Don't throw rubbish here!)
2. ***Labele** bosok!* (Don't tell a lie!)

Prohibition can also be formed by using *keta* (don't), *bandu* (it's forbidden to), *luli* (it's forbidden to), and *lalika* (don't; it is unnecessary to):

1. ***Keta** hamnasa bainhira ema seluk tanis hela!* (Don't laugh while other people are crying!)
2. ***Bandu** atu ku'u ai-fuan matak (sira)!* (It's forbidden to pick unrippen fruits!)
3. ***Luli** baku malu ho ita-nia inan-aman!* (It's forbidden to fight with our parents!)
4. ***Lalika** tanis! Ha'u sei lailais mai fali.* (Don't cry! I will come back soon.)

Exercise : Translate the following sentences into Tetum.

1. We hope you understand.
2. They won't come to the party.
3. You can ask me about him.
4. They don't have to work.
5. Now you may go alone.
6. I will be here if you need me.
7. In order to eat, you must cook.
8. She cannot sleep in the dark.
9. Can you tell me the truth?
10. I must go before it is too late.

Lisaun 16

Nia dehan katak nia sei mai mesak de'it

(Dirce received a phone call from her Uncle Filipe, living in Darwin.)

Jaime : Apá, foin daudauk Mana Dirce ko'alia ho Tiu Filipe.
Apá : Nune'e ka, Dirce? Ó-nia Tiu Filipe dehan saida?
Jaime : Nia dehan katak nia sei mai atu tuir Páskua ho ita.
Amá : Jai, husik lai ó-nia biin ko'alia ho ó-nia apá.
Dirce : Jai ko'alia loos, Amá. Tiu Filipe hateten katak nia sei mai atu tuir Páskua iha-ne'e. Maibé, nia sei hein to'o Tia Maria tuur-ahi tiha ona.
Amá : Ha'a! Sira hein hela bebé. I Tiu Filipe sei mai ho Tia Maria no bebé?
Dirce : Lae, Amá. Tuur-ahi tiha, Tia Maria tenke deskansa no depois serbisu.
Carlos : Ha'u espera katak dala seluk sira hotu-hotu sei bele mai iha-ne'e.
Apá : Ne'e bele de'it, maibé problema mak osan transporte nian.
Jaime : Tiu Filipe no Tia Maria kaer pasaporte Austrália nian ka?
Carlos : Ha'u fiar katak sira kaer pasaporte Timór-Leste nian.
Dirce : Ha'u la hatene. Tiun mai mak ita husu took nia.
Amá : Oan sira, keta haluha prepara kuartu ba nia.

Vocabulary

Austrália nian Australian; of Australia
bebé baby
bele de'it be just possible
biin older sister
dala seluk some other time
deskansa to rest, to take a rest
espera (katak) to hope/expect (that)
fiar (katak) to believe (that)
foin daudauk just now, just recently
hatene to know
hein to'o to wait until
husik lai please let
kaer pasaporte to hold a passport
katak that
keta haluha don't forget
ko'alia ho to speak with
ko'alia loos to speak the truth
kuartu room
mak, maka that
mesak de'it just alone, all alone
nune'e ka? really? is that so?
osan transporte nian travel expenses
sira hotu-hotu all of them
Timór-Leste nian East Timorese; of East Timor; that belong(s) to East Timor
Tiu uncle (term of address)
tuir Páskua celebrate Easter
tuur-ahi (idiomatic) to give birth

Grammatical Notes: Reported Speech

Unlike direct speech, reported speech retells indirectly what somebody has said. Usually, reported speech does not use quotation marks, while direct speech does.

In Tetum, tenses case is never a problem because there is no change in the tenses. Nevertheless, a contextual meaning or adverb of time would indicate the time.

A. Direct Speech

1. *Maria dehan tiha,* ***"Ha'u lakohi ko'alia ho mane ida-ne'e."***
   (Maria said, "I do not want to talk to this man.")
2. *Horikalan ha'u-nia maun dehan,* ***"Ó tenke estuda maka'as."***
   (Last night my brother said, "You must study hard.")
3. *Abilio hateten tiha ami,* ***"Aban ha'u sei bá (iha) Jakarta."***
   (Abilio told us, "Tomorrow I am going to Jakarta.")
4. *Luís dehan tiha,* ***"Ha'u hakarak han etu."***
   (Luís said, "I want to eat rice.")
5. *Polísia haruka tiha,* ***"Hamriik!"***
   (The police ordered, "Get up!")

B. Reported Speech

1. *Maria dehan tiha katak* **nia lakohi ko'alia ho mane ida-ne'ebá**.
   (Maria said she did not want to talk to that man.)
2. *Horikalan ha'u-nia maun dehan tiha katak* **ha'u tenke estuda maka'as**.
   (Last night my older brother said I had to study hard.)
3. *Abilio hateten tiha ami katak* **loron tuirmai ne'e nia sei bá (iha) Jakarta**.
   (Abilio told us that the next day, he would go to Jakarta.)
4. *Luís dehan tiha katak* **nia hakarak han etu**.
   (Luís said he wanted to eat rice.)
5. *Polísia haruka katak* **nia tenke hamriik**.
   (The policeman ordered that he get up.)

Exercise: Read the following paragraph and mark the direct and reported speeches.

Ohin loron, ema barak haka'as an atu aprende lian raiseluk sira, liuliu lia-inglés, ne'ebé ema haree nu'udar jambata komunikasaun internasionál nian. Tan ne'e, ema ruma ne'ebé ko'alia-na'in inglés duni bele dehan, "Ha'u la presiza aprende lian raiseluk tanba ema hotu-hotu ko'alia inglés." Maski nune'e, iha ema balu be dehan katak tuir loloos lia-inglés seidauk sai lian internasionál iha mundu tomak tanba iha fatin barak, ema la ko'alia inglés. Sira mós liután hateten katak lia-inglés serve de'it ba turista sira no ema sira-ne'ebé trata ho negósiu internasionál oioin. Ema sira-ne'ebé moderadu no iha interese ba kultura hateten, "Lia-inglés bele de'it sai lian internasionál tanba ne'e presiza, maibé ne'e la katak lian sira seluk tenke lakon sira-nia funsaun iha nivel nasionál no lokál." Matenek-na'in sira fó-hatene nanis tiha ona katak iha mundu modernu, bainhira ita halo hakat ida ba oin, iha tempu hanesan mós, ita bele halo hakat sanulu ba kotuk.

References

Alwi, Hasan, Soenjono Dardjowidjojo, Hans Lapoliwa, and Anton M. Moeliwono. *Tata Bahasa Baku BAHASA INDONESIA*. Third Edition. Jakarta: Balai Pustaka. 2000.

Constitution of the Democratic Republic of East Timor. Constituent Assembly of East Timor. 2002. 28 March 2008. <http://www.unmit.org/legal/RDTL-Law/RDTL-Constitution.pdf>

Deklarasaun Universál Direitus Umanus nian. The Office of the High Commissioner for Human Rights Geneva, Switzerland. 2005. 28 March 2008. <http://www.unhchr.ch/udhr/lang/ttm.htm>

Echols, John M., and Hassan Shadly. *Kamus Indonesia Inggris. An Indonesian-English Dictionary*. Third Edition. Jakarta: PT Gramedia Pustaka Utama. 1988.

Gordon, Raymond G., Jr. *Ethnologue: Languages of the World*, Fifteenth edition. Dallas, Tex.: SIL International. 2005. <http://www.ethnologue.com>

Hornby, A.S. *Oxford Advanced Learner's Dictionary of Current English*. Sixth Edition. Oxford: Oxford University Press. 2000.

Hull, Geoffrey. *About Sebastião Aparício da Silva SJ*. Sebastião Aparício da Silva Project for the Protection and Promotion of East Timorese Languages. 16 Feb. 2008. <http://www.asianlang.mq.edu.au/INL/sebastiao.html>

_____. *The Languages of East Timor: Some Basic Facts*. 2004. Instituto Nacional de Linguística Universidade Nacional Timor Lorosa'e. Jan. 2008. <http://www.asianlang.mq.edu.au/INL/langs.html>

Lei-Inan República Demokrátika Timór-Leste nian. Asembleia Konstituinte Timór-Leste nian. 2002. 28 March 2008. <http://www.oecusse.com/politics/docs/ConstitutionTetum.pdf>

Manhitu, Yohanes. *Kamus Indonesia-Tetun, Tetun-Indonesia*. First Edition. Jakarta: PT Gramedia Pustaka Utama. 2007.

_____. *Kamus Portugis-Indonesia, Indonesia-Portugis*. First Edition. Jakarta: PT Gramedia Pustaka Utama. 2015.

_____. *Multlingva Frazlibro*. First Edition. Rotterdam: UEA, Oceania Komisiono. 2009.

_____. *Understanding Uab Meto (The Dawan Language): A General Description*. Unpublished.

Martins, Manuel J. *Dicionário de Português-Inglês*. Second Edition. Porto: Editorial Domingos Barreira. 1980.

Matadalan Ortográfiku ba Lia-Tetun (Lista Badak). Instituto Nacional de Linguística (Timor-Leste). 2003. Jan. 2008. <http://www.asianlang.mq.edu.au/INL/matadalan.pdf>

Morris, Cliff. *A Traveller's Dictionary in Tetun-English and English-Tetun from the Land of the Sleeping Crocodile East Timor.* 2003. Ed. Lev Lafayette. Australia: Baba Dook Books. Jan. 2008. <http://au.geocities.com/lev_lafayette/morris.html>

Murphy, Raymond. *English Grammar in Use.* Second Edition. Cambrige: Cambrige University Press. 1994.

Reza no Kreda, a Catholic prayer book in Tetum.

Rodríguez-Castellano, Juan and Willis Kuapp Jones. *Spanish Through Speech.* New York: Charles Scribner's Sons. 1951.

Sánchez, Aquilino, Ernesto Martin, and J.A. Matilla. *Gramática Practica de Español para Extranjeros.* First Edition. Madrid: Sociedad General Española de Libraria, S.A.. 1980.

Suprihanto, Drs. R.B., and João das Neves. *Matenek Koalia Tetum.* Dili: Departemen Pendidikan dan Kebudayaan, Kanwil Depdikbud Propinsi Timor Timur. 1995.

Swan, Michael. *Practical English Usage. Second Edition.* Oxford: Oxford University Press. 1995.

Tetum, Tetun, Lia-Tetun. 2008. Wikipedia, the free encyclopedia. 8 Feb. 2008. <http://en.wikipedia.org/wiki/Tetum>

The Standard Orthography of the Tetum Language, 115 Years in the Making. Directorate of the National Institute of Linguistics (INL). 2004. Jan. 2008.
<http://www.asianlang.mq.edu.au/INL/orthhist.pdf >

Universal Declaration of Human Rights. United Nations Department of Public Information. 2005. 28 March 2008. <http://www.unhchr.ch/udhr/lang/eng.htm>

Whiltlam, John, dan Lia Correia Raitt. *The Oxford Paperback Portuguese Dictionary.* Oxford & New York: Oxford University Press. 1996.

Williams-van Klinken, Catharina. *High Registers of Tetun Dili: Portuguese Press and Purist Priests.* 2001. 23 March 2008. <http://au.geocities.com/austlingsoc/proceedings/als2001/williams-vanklinken.pdf>

Williams-van Klinken, Catharina, John Hajek and Rachel Nordlinger. *Serial verbs in Tetun-Dili: a preliminary account.* 23 March 2008.
<http://www.linguistics.unimelb.edu.au/about/staff_docs/rachel/sv.pdf >

Wilson, N. Scaryn. *Teach Yourself Spanish.* First Edition. London: The English Universities Press. 1939.

Key to Exercises

Lisaun 1

Exercise 1
1. Timór Lorosa'e
2. lia-tetun
3. lia-portugés
4. lia-indonézia
5. lia-inglés
6. Timoroan
7. apelidu

Exercise 2
1. rai-España; lia-español
2. rai-Fransa
3. lia-portugés
4. lia-inglés; lia-japonés
5. rai-Inglaterra
6. Timoroan
7. rai-Xile
8. Grésia
9. lia-arabi
10. rai-Mosambike

Lisaun 2

- Paulina [pé-a-u-ele-i-ene-a]
- Carlos [sé-a-erre-ele-o-ese]
- Pedro [pé-é-de-erre-o]
- Salvador [ese-a-ele-vé-a-de-o-erre]
- Xanana [xís-a-ene-a-ene-a]
- Manuel [eme-a-ene-u-é-ele]
- Natalino [ene-a-té-a-ele-i-ene-o]
- de Fátima [dé-é efe-a-té-i-eme-a]
- Soares [ese-o-a-erre-é-ese]
- Pinto [pé-i-ene-té-o]
- Tavares [té-a-vé-a-erre-é-ese]
- Tixeira [té-i-xís-é-i-erre-a]
- Tilman [té-i-ele-eme-a-ene]
- Gomes [jé-o-eme-é-ese]

Lisaun 3

Exercise 1

1. lima ...5...
2. sanulu-resin-ida ...11...
3. ruanulu ...20...
4. ruanulu-resin-tolu ...23...
5. sanulu-resin-neen ...16...
6. sia ...9...
7. neen ...6...
8. haat ...4...
9. hitu ...7...
10. zeru ...0...

Exercise 2

1. 32   tolunulu-resin-rua
2. 33   tolunulu-resin-tolu
3. 37   tolunulu-resin-hitu
4. 39   tolunulu-resin-sia
5. 42   haatnulu-resin-rua
6. 52   limanulu-resin-rua

Lisaun 5

Exercise 1

1. It is 6:20.   Tuku neen liu (minutu) ruanulu.
2. It is 4:40.   Tuku lima menus (minutu) ruanulu.
3. It is 5:12.   Tuku lima liu (minutu) sanulu-resin-rua.
4. It is 8:55.   Tuku sia menus (minutu) lima.
5. It is 3:18.   Tuku tolu liu (minutu) sanulu-resin-ualu.
6. It is 10:10.   Tuku sanulu liu (minutu) sanulu.
7. Seven hours   Oras hitu
8. Twentyhours   Oras ruanulu

Exercise 2

1. Ó-nia (Ita-Boot nia) inan tinan hira ona?
2. Ha'u hakarak hatene nia tinan hira ona.
3. Ó sei halo tinan ruanulu-resin-lima iha tinan oin.
4. Ó-nia (Ita-Boot nia) aman tinan limanulu ona ka?
5. Ha'u la fiar katak ó (Ita-Boot) tinan sanulu-resin-sia ona.
6. Ó (Ita-Boot) hanoin katak nia tinan sanulu-resin-lima ona ka lae?

Lisaun 6

1. Agora ami hakarak sosa bisikleta ida be foun.
2. Sira hakarak tebetebes aluga uma ida-ne'e.
3. Nia sei hasoru malu ho prezidente.
4. Nia iha universidade hela.
5. Fulan leno hela dalan.
6. Ha'u nunka vizita muzeu nasionál.

Lisaun 7

1. Labarik sira iha-ne'ebé?
2. Favór ida lori matabixu mai.
3. Ema sira-ne'ebá prepara hela meza.
4. Sira tenke bá eskola dadeer.
5. Carlos hariis tiha ona.

Lisaun 8

Exercise 1
1. Ha'u la hakarak estuda.
2. Ita tenke hela kalan.
3. Ha'u buka hela otél.
4. Sira atu bá iha-ne'ebé?
5. Ó tenke estuda to'o loraik.

Exercise 2
1. Ha'u-nia aman la bá (iha) serbisu-fatin.
2. Ha'u uza hela ninia komputadór.
3. Ó lee hela sira-nia livru.
4. Ami-nia eskola la foun.
5. Ami bá (iha) sira-nia natar.
6. Ó tenke tulun ó-nia nian.
7. Sira-nia uma boot ka lae?
8. Komputadór ne'e la'ós ha'u-nian.

Exercise 3
1. Ha'u sei fa'an ida-ne'ebá.
2. Sé-nia livru mak ne'e?
3. Livru ida-ne'e la'ós ninian.

4. Komputadór ida-ne'e ó-nian ka?
5. Ida-ne'ebá ha'u-nian.
6. Karreta ida-ne'e la foun.
7. Ida-ne'e ami-nia natar.
8. Uma sira-ne'ebá besik tasi.

Lisaun 9

Exercise 1

1. Horisehik ó (Ita-Boot) te'in etu ka lae?
2. Keta tau komputadór iha sofá.
3. Nia sei hato'o Ita-Boot nia surat ba prezidente.
4. Bainhira mak nia tama tiha ba universidade?
5. Tansá mak lurón natahu?
6. Sé mak hodi kopu ba uma laran?
7. Sira la bele tradús liafuan ida-ne'e ba tetun.

Exercise 2

Poezia bolu ha'u nafatin

Dala barak ha'u **sente** kole no fraku tebetebes
hodi **hatán** poezia nia lian be **mosu** barak
hanesan laloran maka'as bakudór sira
be **forsa** ha'u hodi **fui** liafuan ida-idak.

Dala ruma poezia **mosu mai** hosi mehi furak,
hosi udan nia lian be **halo** tarutu lahalimar,
hosi feto furak ida be **la'o kaer** sombrelu,
hosi mota naruk ida be nakonu ho lixu.

Dala ida ha'u la **tau matan** ba furak ruma,
poezia lailais **ukun** ha'u-nia matan rua
hodi lailais **fihir.** Ha'u **hanoin** no **sente**,
no liña foun sira sei **moris** ba mundu.

Lisaun 10

Exercise 1

1. Feto ida-ne'ebá furak.
2. Aprende lia-tetun ne'e fasil.
3. Ninia uma nakonu ho ema.
4. Lurón ida-ne'e naruk.
5. Sira-nia uma dook hosi ó-nian ka lae?
6. Ó (Ita-Boot) la fiar katak nia riku.

7. Labarik ida-ne'e baruk.
8. Lucia sei klosan ka?

Exercise 2

Ai-funan

Ku'u ai-funan ne'e no foti bá, keta hakleur! Ha'u **ta'uk** keta nia **namlaik** karik no monu ba rai-rahun.

Karik ha'u la hetan fatin iha ó-nia koroa ai-funan, maibé respeita nia ho ó-nia liman nia moras i ku'u bá. Ha'u **ta'uk** keta loron ramata molok ha'u **laran-moris**, no tempu oferenda nian liu tiha ona.

Maski ninia kór la **kle'an** no karik ninia iis la **maka'as**, uza took nia iha ó-nia servisu no ku'u nia bainhira tempu sei iha hela.

Lisaun 11

Exercise 1

1. Carlos hela besik basar.
2. Ita bele moris ho dame ka lae?
3. Sira serbisu hamutuk iha-ne'e.
4. Ha'u seidauk koñese ema sira-ne'e.
5. Ó (Ita-Boot) sempre han lailais ka lae?
6. Tansá mak nia tuur lahakmatek?
7. Keta ko'alia naranaran.
8. Tuir loloos, nia la naran Jorge.
9. Ha'u-nia feen hakarak hadeer sedu.
10. Ó (Ita-Boot) tenke hemu uitoan.
11. Horisehik ha'u han iha restaurante ida-ne'ebá.
12. Nia mós dehan katak ita bele estuda hamutuk.

Exercise 2

Tiu Pedro ne'e katuas ida be gosta serbisu **maka'as** iha to'os no natar. **Ohin** udan tau boot **tebetebes**, ne'e-duni nia hela **de'it** iha uma laran. **Maski nune'e**, nia lakohi lakon tempu. Envezde tuur bilán, nia foti revista ida-ne'ebé **foufoun** ninia oan haruka mai hosi sidade-inan. Nia lee **ho atensaun** boot tahan ba tahan hodi buka informasaun kona-ba hakiak ikan. **Kala** minutu sanulu **liutiha**, ninia oan-feto mai ho kafé iha kaneta ida. Besik atu kalan **ona**, maibé udan sei tau hela. No Tiu Pedro sei kaer hela revista. Biar **nunka** eskola to'o nivel universidade nian, **lahó moe** no **lahodi kole** nia buka **nafatin** matenek oioin, mezmu hosi livru no jornál tuan. **Sedu** liu duké baibain, nia husik hela revista agrikultura nian ida-ne'e atu han-kalan ho ninia família, i **lakleur** mehi hamaluk sira.

Lisaun 12

1. Ha'u hakarak hela iha sidade.
2. Nia la mai tanba udan.
3. Livru ida-ne'e iha meza okos.
4. Tuir nia, ó (Ita-Boot) sala.
5. Ami sei bá to'o mota.
6. Nia mai hosi ne'ebé?
7. Durante feriadu, nia hela ida-ne'e.
8. Apezarde udan, nia sei mai.
9. Ha'u serbisu iha-ne'e hori tinan kotuk.
10. Nia subar (an) iha odamatan kotuk.

Lisaun 13

1. Ema sira-ne'ebá riku liu duké/liután ita.
2. Favór ida mai lailais, Doutór.
3. Naran estudante bele hosoru ho nia.
4. Ó (Ita-Boot) ho ha'u la'ós funu-maluk.
5. Ha'u hatene katak ó hadomi nia.
6. Kuandu ó mai, ha'u sei iha-ne'e ona.
7. Atubele moris, ó tenke serbisu.
8. Molok atu bá, dehan lai adeus.
9. Ha'u atu sosa nia, maibé nia karun demais.
10. Ó tenke bá; selae, nia sei hirus.

Lisaun 15

1. Ami espera katak ó komprende.
2. Sira sei la mai iha festa.
3. Ó bele husu ha'u kona-ba nia.
4. Sira la tenke serbisu.
5. Agora ó bele bá mesak.
6. Ha'u sei iha-ne'e se ó presiza ha'u.
7. Atubele han, ó tenke te'in.
8. Nia la bele toba iha nakukun.
9. Ó bele dehan loos mai ha'u ka lae?
10. Ha'u tenke bá molok tarde demais.

Lisaun 16

1. Tan ne'e, ema ruma ne'ebé ko'alia-na'in inglés duni bele dehan, "Ha'u la presiza aprende lian raiseluk tanba ema hotu-hotu ko'alia inglés." (direct speech)
2. Maski nune'e, iha ema balu be dehan katak tuir loloos lia-inglés seidauk sai lian internasionál iha mundu tomak tanba iha fatin barak, ema la ko'alia inglés. (reported speech)
3. Sira mós liután hateten katak lia-inglés serve de'it ba turista sira no ema sira-ne'ebé trata ho negósiu internasionál oioin. (reported speech)
4. Ema sira-ne'ebé moderadu no iha interese ba kultura hateten, "Lia-inglés bele de'it sai lian internasionál tanba ne'e presiza, maibé ne'e la katak lian sira seluk tenke lakon sira-nia funsaun iha nivel nasionál no lokál." (direct speech)
5. Matenek-na'in sira fó-hatene nanis tiha ona katak iha mundu modernu, bainhira ita halo hakat ida ba oin, iha tempu hanesan mós, ita bele halo hakat sanulu ba kotuk. (reported speech)

Appendix 1

Concise Phrasebook
(English-Tetum)

QUESTION

What are you writing?
Who is coming?
Where does she live?
Where are they going?
How did you know?
Why are you scared?
When do you leave?
How many books do you have?

GREETINGS

Good morning!
Good afternoon!
Good evening!
Good night!
How are you? (formal)
How are you? (informal)
Fine, thank you.

COMMON EXPRESSIONS

Hello!
Yes
No
Sorry
Excuse me
Please
Thank you
Thanks a lot
You're welcome

CONGRATULATIONS

Happy birthday!
Merry Christmas!
Happy New Year!

MEETING NEW PEOPLE

What is your name? (formal)
What is your name? (informal)
My name is John.
I am a friend of Narita's.
I would like to introduce you to…
His name is Adrian.
I am glad to meet you.
Where do you live?

LIA-HUSU, PERGUNTA

Ó hakerek hela saida?
Sé mak mai?
Nia hela iha-ne'ebé?
Sira atu bá iha-ne'ebé?
Oinsá mak imi bele hatene?
Tansá mak ó ta'uk?
Bainhira mak ó bá?
Ó-nia livru hira?

SAUDASAUN

Bondia! (Dadeer di'ak!)
Botarde! (Loraik di'ak!)
Bonoite! (Kalan di'ak!)
Bonoite! (Kalan di'ak!)
Ita-Boot di'ak ka lae?
Ó di'ak ka lae?
Di'ak, obrigadu/a.

ESPRESAUN JERÁL SIRA

Olá!
Sin
Lae
Deskulpa
Lisensa; Konlisensa
Favór ida; Halo favór
Obrigadu (m); obrigada (f)
Obrigadu/a barak
Nada; Lalika temi

PARABÉNS

Loron-tinan di'ak! Loron-tinan kmanek!
Bosfesta Natál! Natál Kmanek!
Bosfesta Tinan Foun! Tinan Foun Kmanek!

HASORU HO EMA FOUN

Ita-Boot (naran) sá/saida?
Ó naran sá? (Ó-nia naran saida?)
Ha'u naran João (Ha'u-nia naran João).
Ha'u Narita nia belun/maluk.
Ha'u hakarak aprezenta Ita-Boot ba…
Nia naran Adriano (Ninia naran Adriano).
Ha'u haksolok hasoru ho Ita-Boot.
Ita-Boot hela iha-ne'ebé?

How long have you been staying here?	*Ita-Boot iha-ne'e hori bainhira?*
I have been staying here for two days.	*Ha'u iha-ne'e loron rua ona.*
How long will you stay here?	*To'o bainhira Ita-Boot sei hela iha-ne'e?*
I will stay here for a week.	*Ha'u sei hela iha-ne'e to'o semana ida.*
This is my first time in Indonesia.	*Ne'e ha'u-nia dala uluk iha Indonézia.*
Welcome to Indonesia!	*Benvindu iha Indonézia!*
Thank you! I am glad.	*Obrigadu! Ha'u laran-haksolok.*
I will go to East Timor.	*Ha'u sei bá (iha) Timór-Leste.*
I am glad to be in Dili.	*Ha'u gosta hela iha Dili.*
I like Indonesia.	*Ha'u gosta Indonézia.*
Did you come alone?	*Ita-Boot mai mesak de'it ka lae?*
No, I came with my boyfriend/girlfriend.	*Lae, ha'u mai ho ha'u-nia doben.*
How did you come here?	*Oinsá Ita-Boot mai iha-ne'e?*
It was nice talking to you.	*Haksolok ko'alia ho Ita-Boot.*
Sorry, I must go now.	*Deskulpa, agora ha'u tenke bá ona.*
I hope that we will meet again.	*Ha'u espera katak ita sei hasoru fali.*
I will call you.	*Ha'u sei telefona Ita-Boot.*
See you again.	*Adeus (To'o hasoru fali).*

NATIONALITY AND LANGUAGE / *NASIONALIDADE NO LIAN*

Where are you from?	*Ita-Boot hosi ne'ebé?*
Are you from here?	*Ita-Boot hosi ne'e ka lae?*
I am from Oecusse.	*Ha'u hosi Oecusse/Oekusi.*
Have you ever been to my country?	*Ita-Boot vizita tiha ona ha'u-nia rain ka lae?*
Do you speak English? (formal)	*Ita-Boot ko'alia inglés ka lae?*
Is there anybody here who speaks English?	*Iha-ne'e iha ema be ko'alia inglés ka lae?*
I speak a little Portuguese.	*Ha'u ko'alia portugés uitoan.*
I am learning Italian.	*Ha'u aprende daudaun lia-italianu.*
Do you understand?	*Ita-Boot komprende ka lae?*
No, I don't understand.	*Lae, ha'u la komprende.*
Could you speak more slowly?	*Ita-Boot bele ko'alia neineik uitoan ka lae?*
Could you please repeat the sentence?	*Ita-Boot halo fali fraze ohin ne'e ka lae?*
Please write the word down.	*Favór ida hakerek liafuan ida-ne'e.*
How to say it in Tetum?	*Oinsá dehan buat ne'e hodi tetun?*
What does the word … mean?	*Liafuan … katak saida?*
How to pronounce the word…?	*Oinsá dehan sai liafuan…?*
Pardon! What?	*Deskulpa! Saida?*

AGE / *TINAN (OTAS)*

How old are you? (formal)	*Ita-Boot tinan hira ona? (= Ita tinan hira ona?)*
I am twenty-five years old.	*Ha'u tinan ruanulu-resin-lima ona.*
How old is your father?	*Ita-Boot nia aman tinan hira ona?*
He is fifty years old.	*Nia tinan limanulu ona.*
My mother is younger than he is.	*Ha'u-nia inan joven liu nia.*

FOOD AND DRINK / *HAHÁN NO HEMU*

I am hungry.	*Ha'u hamlaha.*
I am thirsty.	*Ha'u hamrook.*
I have breakfast at seven o'clock.	*Ha'u matabixu tuku hitu.*
People always eat three meals a day.	*Ema sempre han dala tolu loron ida.*
That is a good habit for the body.	*Ne'e kostume ida be di'ak ba isin.*
What time does your family have lunch?	*Tuku hira Ita-Boot nia família han-meiudia?*
My family has lunch at one o'clock.	*Ha'u-nia família han-meiudia tuku ida.*

I haven't had dinner yet.	*Ha'u seidauk han-kalan.*
Dinner is ready now.	*Han-kalan prontu ona.*
Grandmother hasn't eaten rice.	*Abó-feto seidauk han etu.*
Let's eat at that restaurant.	*Mai ita han iha restaurante ida-ne'ebá.*
We had better drink tea.	*Di'ak liu ita hemu xá de'it.*
May I order some biscuits?	*Ha'u bele husu biskoit ka lae?*
Order whatever you like.	*Husu saida de'it mak ó hakarak.*
Grandfather prefers coffee from Dili.	*Abó-mane gosta liu kafé hosi Dili.*
Mineral water is available everywhere.	*Bee minerál disponivel iha fatin hotu.*
Many people like drinking coffee.	*Ema barak gosta hemu kafé.*
Sometimes people drink beer.	*Dala ruma ema hemu serveja.*
Do you like roast chicken?	*Ita-Boot gosta manu lalar ka lae?*
No, I prefer goat brochettes.	*Lae, ha'u gosta liu sasate bibi.*

FAMILY — *FAMÍLIA (UMA-LARAN)*

Are you married? (formal)	*Ita-Boot kaben tiha ona ka lae?*
How many children do you have? (formal)	*Ita-Boot nia oan hira ona?*
How many brothers and sisters do you have?	*Ita-Boot nia maun-alin hira?*
Do you live with your family?	*Ita-Boot hela ho Ita-nia família ka lae?*
Yes, I do (Yes, I live with them).	*Sin, ha'u hela hamutuk ho sira.*
I am still single.	*Ha'u sei klosan hela.*
We will get married next month.	*Ami sei kaben fulan oin.*
I don't believe it. You look too young.	*Ha'u la fiar. Ita-Boot parese joven demais.*
We don't have children yet.	*Ami seidauk iha oan.*
He lives with his family.	*Nia hela ho ninia família.*
Has your baby been baptized?	*Ó-nia bebé simu batizmu ona ka lae?*
Yes, her name is Joan.	*Sin, nia naran Joana.*
She resembles you.	*Nia oin-hanesan ó.*
Our baby is so cute.	*Ami-nia bebé komik tebes.*
We will be moving to a new home.	*Ami sei muda ba uma foun.*
That family is rich but stingy.	*Família ida-ne'ebá riku maibé karak-teen.*
Healthy familes make a strong nation.	*Família saúde-di'ak, nasaun metin.*
Unfortunately, many families are fragile.	*Koitadu, família barak fraku ona.*

AT HOSPITAL — *IHA OSPITÁL (UMA-MORAS)*

I am sick.	*Ha'u moras.*
Will you take me to the doctor?	*Bele lori ha'u ba doutór ka lae?*
Where is the nearest hospital?	*Ospitál besik liu iha-ne'ebé?*
I have just vomited.	*Ha'u foin de'it muta.*
I feel very dizzy.	*Ha'u sente oin-halai tebes.*
I also feel queasy.	*Ha'u mós sente laran-sa'e.*
I can't sleep.	*Ha'u la bele toba.*
I cough all the time.	*Ha'u me'ar beibeik.*
I feel better now.	*Ha'u sente di'ak liu oras ne'e.*
This medicine is effective.	*Ai-moruk ida-ne'e di'ak.*
I do not need blood transfusion.	*Ha'u la presiza transfusaun (raan).*
I have health insurance.	*Ha'u iha seguru saúde nian.*
I think I am pregnant, Doctor.	*Ha'u fiar katak ha'u isin-rua, Doutór.*
I haven't had my period since last month.	*Ha'u la fase-fulan hori fulan kotuk.*
Can I have a pregnancy test?	*Ha'u bele hetan ezame kabuk nian ka lae?*
I don't want to use contraceptives anymore.	*Ha'u lakohi uza kontraseptivu ona.*
You must take medicines regularly.	*Ita-Boot tenke hemu ai-moruk regularmente.*
If you don't get better, come here again.	*Se seidauk di'ak, mai tan iha-ne'e.*
This person is suffering from...	*Ema ida-ne'e kona...*

anemia	*anemia*
appendicitis	*apendisite*
asthma	*azma, moras-busa*
cholera	*kolera*
cold	*inus-metin, gripe*
epilepsy	*epilepsia, bibi-maten*
hepatitis	*epatite, moras-aten*
herpes	*erpes*
influenza, flu	*gripe*
leprosy	*lepra, moras-lepra*
measles	*sarampu*
rabies	*raiva*
typhus	*tifu*

AT THE BANK — *IHA BANKU*

Can I use a credit card here?	*Ha'u bele uza kartaun kréditu iha-ne'e ka lae?*
Can I change money here?	*Ha'u bele troka osan iha-ne'e ka lae?*
I want to change dollars with rupiah.	*Ha'u hakarak troka dolar ho rupia.*
What is the exchange rate today?	*Taxa troka ohin loron nian hira?*
What is the exchange rate of one dollar?	*Dolar ida ho rupia folin hira?*
Please sit down, sir.	*Tuur lai, Señór.*
The ATM swallowed my credit card.	*Mákina ATM tolan ha'u-nia kartaun kréditu.*
Is my money in the bank account now?	*Ha'u-nia osan tama ona iha konta ka lae?*
Can I transfer money abroad?	*Ha'u bele transfere osan ba rai-li'ur ka lae?*
Where should I sign?	*Ha'u tenke asina iha-ne'ebé?*

AT THE POST OFFICE — *IHA UMA-KORREIU*

I would like to send a letter.	*Ha'u hakarak haruka surat ida.*
I would like to buy four stamps.	*Ha'u hakarak sosa selus (tahan) haat.*
This letter will be sent by express delivery.	*Surat ida-ne'e sei hakruka ho korreiu urjente.*
Is there any mail for me?	*Iha korreiu ba ha'u ka lae?*
Perhaps the mail is running late.	*Karik korreiu mai tarde.*

TELECOMMUNICATION — *TELEKOMUNIKASAUN*

Where is the nearest phone shop?	*Wartel besik liu iha-ne'ebé?*
I want to telephone to Bandung.	*Ha'u hakarak telefona ba Bandung.*
What is the cost of a one-minute long-distance call?	*Telefone interlokál minutu ida nian folin hira?*
I am busy.	*Ha'u okupadu.*
Hello!	*Olá!*
May I speak to David, please?	*Ha'u bele ko'alia ho David ka lae?*
Who is calling?	*Sé mak telefona?*
It is me, Carolina.	*Ha'u, Carolina.*
Sorry, she isn't at home.	*Deskulpa, nia sai hela.*
Do you want to leave a message?	*Iha rekadu ka lae?*
Yes, please tell him that I called. Thank you!	*Sin, favór ida hateten katak ha'u dere. Obrigada!*
Okay. I will let him know.	*Di'ak, ha'u sei hateten.*
Is there an Internet café nearby?	*Iha warnet besik fatin ne'e ka lae?*
I want to check my e-mail.	*Ha'u hakarak haree ha'u-nia e-mail.*
Yes, it is 500 meters from here.	*Sin, metru 500 (atus lima) hosi fatin ne'e.*

ROMANCE, LOVE AFFAIR

Do you have a boyfriend/girlfriend?	*Ó iha doben tiha ona ka lae?*
I don't have a boyfriend/girlfriend yet.	*Ha'u seidauk iha doben.*
Do you love me?	*Ó hadomi ha'u ka lae?*
I love you.	*Ha'u hadomi ó.*
No, I do not love you.	*Lae, ha'u la hadomi ó.*
Does true love exist?	*Domin loos iha ka lae?*
You are my first love, Laura.	*Ó mak ha'u-nia domin dahuluk, Laura.*
How can I forget you?	*Oinsá ha'u bele haluha ó?*
I am in love with Carla.	*Ha'u-nia fuan-monu ba Carla.*
How long have you been Sabina's boyfriend?	*Hori bainhira ó namora ho Sabina?*
Can I believe what you say?	*Ha'u bele fiar ó-nia liafuan sira ka lae?*
I believe he loves you too, Lani.	*Ha'u fiar katak nia mós hadomi ó, Lani.*
Darling, why should we love each other?	*Doben, tansá mak ita tenke hadomi malu?*
Will we always love each other?	*Ita sei hadomi malu nafatin ka lae?*
Life without love is like the night without stars.	*Moris laiha domin hanesan kalan fitun-laek.*
You're good at saying nice words.	*Ó matenek halo liafuan furak sira.*
Will you hold on firmly to your promise?	*Ó sei kaer metin ó-nia promesa ka lae?*

BUAT-DOMIN, ROMANSE

WEDDING / KABEN

The bride is very beautiful.	*Feto foun ida-ne'e furak tebes.*
Are you already married?	*Ita-Boot kaben tiha ona ka lae?*
Not yet. I am still single.	*Seidauk. Ha'u sei klosan hela.*
Yes, I'm already married.	*Sin, ha'u kaben tiha ona.*
We are getting married next year.	*Ami sei kaben tinan oin.*
I got married three years ago.	*Ha'u kaben tinan tolu kotuk.*
The bride is very beautiful.	*Feto-foun ida-ne'e furak tebes.*
The bridegroom comes from Australia.	*Mane-foun ida-ne'e mai hosi Austrália.*
Please come to our wedding reception.	*Halo favór mai iha ami-nia festa kaben.*
We got married in a beautiful cathedral.	*Ami kaben iha katedrál furak ida.*
They said Ali has been married twice.	*Sira dehan katak Ali kaben dala rua ona.*
Where will you spend your honeymoon?	*Imi sei haliu luademél iha-ne'ebé?*
Perhaps we will spend it in Hawaii.	*Ami sei haliu luademél iha Hawai de'it.*
The wedding was very beautiful.	*Serimónia kaben ida-ne'e furak tebes.*

TRANSPORTATION / TRANSPORTE

When will the car arrive?	*Bainhira karreta sei mai?*
Where is the new taxi?	*Taksi foun iha-ne'ebé?*
Where can we rent a car?	*Ita bele aluga karreta iha-ne'ebé?*
Are there any flights to Denpasar tomorrow?	*Aban sei iha aviaun ba Denpasar ka lae?*
What time will the plane leave?	*Tuku hira aviaun ida-ne'ebá arranka?*
A taxi will pick you up at the airport.	*Taksi sei ba hasoru Ita-Boot iha aeroportu.*
We will be arriving in Jakarta this afternoon.	*Ita sei to'o iha Jakarta loraik.*
Are there any boats to Surabaya?	*Iha ró-tasi ba Surabaya ka lae?*
Can we buy tickets at the station?	*Ita bele sosa billetu iha estasaun ka lae?*
Why don't we take a flight?	*Tansá mak ita la sa'e aviaun de'it?*
It is more expensive than a boat, isn't it?	*Ne'e karun liu hosi ró-tasi, loos ka lae?*
There are many becaks in this town.	*Sidade ida-ne'e iha becak barak.*
There is a one-hour layover in Bali.	*Sei iha tránzitu oras rua iha Bali.*
Will we change planes?	*Ita sei troka aviaun ka lae?*
Perhaps some passengers will get off.	*Karik ema na'in hirak sei tun.*
No need to show personal documents.	*La presiza hatudu dokumentu pesoál.*
Drivers must be very careful when driving.	*Xofér sira keta matan-dukur iha dalan.*
No smoking in the car.	*Keta fuma iha karreta laran.*

AT THE MARKET

I am looking for the market. Where is it?
It is there. It is a traditional market.
Where can I buy vegetables?
How much is a kilogram of goat meat?
It is 10,000 rupiahs.
Don't you have eggs?
Sorry, I am running out of eggs.
What time do the shops close?
All shops close at six o'clock p.m.
I want to buy a pineapple.
Is jackfruit expensive here?
No, the fruits here are cheap.
I am looking for small shrimp.
Lobsters are sold over there.
Is this fish from the sea?
Yes, of course, madam.
The fish has just been caught in the sea.
I need a kilogram of sugar and tomatos.
Wait a moment, please. I will weigh them first.
Where should I pay?
Please pay over there.
Okay. Thank you!

ON THE BEACH

I like this beach.
This sea here is very calm.
I want to hire a small boat.
Now many people stay away from the beach.
Why? Is there a problem?
Many people are afraid of tsunamis.
We must always be careful.
What time does the tide come in?
And what time does the sea level go down?
Can we swim here?
Do not try it. It is very dangerous.
We had better just play the guitar and sing.
Let's sing a song before going home!

RELIGION

Sometimes it is not good to ask about
  somone's religion.
Believers must have good attitudes.
Most religions have holy books.
Is there a church here?
What time does Mass begin?
Who is the priest who works here?
I need a priest who speaks Dawan.
The mosque is not far from here.
Muslim children learn how to read
  the Koran.
Borobudur is the greatest Buddhist temple in
  the world.

IHA BASAR (MERKADU)

Ha'u buka hela basar. Basar iha-ne'ebé?
Iha-ne'ebá. Ida-ne'e basar tradisionál.
Ha'u bele sosa modo iha-ne'ebé?
Na'an-bibi kilo ida folin hira?
Kilo ida folin 10.000 rupia.
Ita-Boot la fa'an manu-tolun ka?
Deskulpa, manu-tolun hotu hela.
Tuku hira loja sira iha-ne'e taka?
Loja sira hotu taka tuku neen loraik.
Ha'u husu ananás fuan ida.
Kulu-naka ida-ne'e karun ka lae?
Lae, iha-ne'e ai-fuan sira baratu.
Ha'u buka hela boek lotuk.
Iha sorin ne'ebá ema fa'an lagosta.
Ikan ne'e hosi tasi ka lae?
Sin, tebes, Señora.
Ikan ne'e foin kaer iha tasi.
Ha'u presiza masmidar kilo 1 ho tomate.
Favór ida hein uitoan, ha'u sei tetu lai.
Ha'u tenke selu iha-ne'ebé?
Favór ida selu iha-ne'ebá.
Di'ak. Obrigada!

IHA TASI-IBUN

Ha'u gosta tasi-ibun ida-ne'e.
Tasi iha-ne'e kalma tebes.
Ha'u hakarak aluga bero-oan ida.
Kleur ona ema la mai iha tasi-ibun.
Tansá? Iha problema ka lae?
Ema barak ta'uk tsunami.
Ita tenke iha kuidadu nafatin.
Tuku hira tasi sa'e?
I tuku hira tasi tun fali?
Ita bele nani iha-ne'e ka lae?
Keta koko. Ne'e perigozu tebetebes.
Di'ak liu ita toka biola/gitarra i hananu de'it.
Mai ita hananu hamutuk molok atu fila.

RELIJIAUN

Dala ruma la di'ak husu kona-ba
  ema ruma nia relijiaun.
Fiar-na'in sira tenke iha lisan di'ak.
Relijiaun ida-idak iha livru lulik.
Iha uma-kreda iha-ne'e ka lae?
Misa komesa tuku hira?
Padre sé mak serbisu iha-ne'e?
Ha'u presiza padre be ko'alia baikenu.
Meskita la dook hosi fatin ne'e.
Labarik musulmanu sira aprende atu lee
  Alkoraun.
Borobudur mak templu budista
  boot liuhotu.

TIME

What time is it?
It is...
9:15, Fifteen minutes past nine
5:17, Seventeen minutes past five
7:15, A quarter past seven
10:30, Thirty minutes past ten
10:30, Half past ten
1:45, Forty-five minutes past one
1:45, A quarter to two

PENDIDIKAN

Education is very important.
Children must go to school.
They begin to learn how to read and write.
The poor also have the right to an education.
The government has to guarantee and
   promote education in the whole country.
Where do you go to school?
What grade are you in now?
I am in the fifth grade now.
Do you like your teacher?
Our teacher is kindhearted.
Sometimes teachers beat students.
I graduated from Nusa Cendana University,
   in Kupang, West Timor.
Now she is studying at the faculty of teacher
   training.
Every student has to study diligently.
Are you a scholar of law?
No, I am a scholar of economy.

PROFESSION

What is your profession?
Where do you work?
Excuse me. How long have you been working
   at the bank?
I have been working there for ten years.
My father is a civil servant.
He is a writer, isn't he?
You are a translator and interpreter.
His father is a taxi driver in Dili.
Carlos' uncle works as a tailor.
Everyone must work to earn money.
She works well because she likes her job.
This month they received a very small wage.
Fernando is looking for a job in Dili.
Farmers are planting rice in the rice field.
The merchants work until midnight.
She wants to be a civil servant.
I would like to work in a company.
Why don't you establish your own business?

ORAS

Tuku hira ona? (Agora tuku hira?)
Agora tuku...
9.15, Sia liu (minutu) sanulu-resin-lima
5.17, Lima liu (minutu) sanulu-resin-hitu
7.15, Hitu liu (minutu) sanulu-resin-lima
10.30, Sanulu liu (minutu) tolunulu
10.30, Sanulu ho balun
1.45, Ida liu (minutu) haatnulu-resin-lima
1.45, Rua menus (minutu) sanulu-resin-lima

EDUKASAUN

Edukasaun ne'e importante tebes.
Labarik-oan sira tenke bá eskola.
Sira komesa aprende atu lee no hakerek.
Ema kiak mós iha direitu ba edukasaun.
Governu tenke garante no promove
   edukasaun iha rain tomak.
Ó eskola iha-ne'ebé?
Agora ó klase hira ona?
Agora ha'u iha klase lima ona.
Ó gosta ó-nia mestre ka lae?
Ami-nia mestre laran-kmanek tebes.
Dala ruma mestre baku estudante sira.
Ha'u ramata hosi Universidade Nusa
   Cendana, iha Timór Loromonu.
Agora nia estuda iha fakuldade treinu
   profesór nian.
Estudante ida-idak tenke badinas estuda.
Ita-Boot lisensiadu lei nian ka lae?
La'ós, ha'u lisensiadu ekonomia nian.

SERBISU (PROFISAUN)

Ita-Boot nia serbisu/profisaun saida?
Ita-Boot serbisu iha-ne'ebé?
Konlisensa! Ita-Boot serbisu iha banku tinan
   hira ona?
Ha'u serbisu iha-ne'ebá tinan sanulu ona.
Ha'u-nia aman funsionáriu estadu.
Nia hakerek-na'in, loos ka lae?
Ita-Boot tradutór no durbasa.
Ninia aman xofér taksi iha Dili.
Carlos nia tiun serbisu nu'udar badain-suku.
Ema hotu-hotu tenke serbisu hodi hetan osan.
Nia serbisu di'ak tanba nia gosta ninia knaar.
Fulan ohin sira-nia selu uitoan tebetebes.
Fernando buka daudaun serbisu iha Dili.
Agrikultór sira kuda daudaun hare iha natar.
Kontratu-na'in sira serbisu to'o kalan-boot.
Nia hakarak sai funsionáriu estadu.
Ha'u hakarak serbisu iha empresa.
Tansá mak Ita-Boot la loke negósiu rasik?

I really want to have my own business, but I don't have enough capital.	Ha'u hakarak tebes hala'o negósiu rasik, maibé seidauk iha osan nato'on.
I think we have to remain optimistic.	Ha'u hanoin katak ita tenke optimista nafatin.
Filipe wants to work in a big city.	Filipe hakarak serbisu iha sidade boot.
Does your mother still teach in your village?	Ó-nia inan sei hanorin iha ó-nia knua ka lae?
Yes, but she will retire soon.	Sin, maibé nia sei lailais reforma ona.
Many retired workers open new businesses.	Apozenta-na'in barak loke negósiu foun.
Mr. Salim is a teacher of philosophy.	Señór Salim ne'e profesór filosofía nian.

MUSIC / MÚZIKA

What musical instrument can you play?	Ó bele toka instrumentu múzika saida?
I can play the guitar but just a little.	Ha'u bele toka biola, maibé uitoan de'it.
Can you also play the piano?	Ó mós bele toka pianu ka lae?
No, but I am going to take a piano course.	Lae, maibé ha'u sei tuir kursu pianu nian.
My family always likes singing.	Ha'u-nia família sempre gosta hananu.
Do you like music?	Ita-Boot gosta múzika ka lae?
I like music very much because it makes life more beautiful.	Ha'u gosta múzik tebetebes tanba nia halo moris furak liu.
I like ethnic and modern music.	Ha'u gosta múzika rai-na'in i moderna.
Who is your favorite singer?	Sé mak ó-nia kantór/-ora favoritu/-a?
My favorite singer is Julio Iglesias.	Ha'u-nia kantór favoritu mak Julio Iglesias.
My girlfriend wants to be a musician.	Ha'u-nia doben hakarak sai múzika-na'in.
Now many songs are available on MP3.	Agora kanta barak ema hetan iha MP3.
We often go to concerts in town.	Ami badinas haree konsertu iha sidade.
Is the concert ticket expensive?	Billetu konsertu ne'e karun ka lae?
No, everybody can afford it.	Lae, ema hotu-hotu bele sosa.
Will you sing a song for me, please?	Ó bele hananu knananuk ida ba ha'u ka lae?
Of course, with pleasure.	Seguru, ho laran-haksolok.

POLITICS / POLÍTIKA

Do you like politics?	Ita-Boot gosta política ka lae?
Sometimes I do.	Dala ruma ha'u gosta.
Once he wanted to be a politician.	Uluk nia hakarak sai política-na'in.
He is not a member of any political party.	Nia la'ós membru partidu polítiku ruma.
He is running a campaign.	Nia hala'o daudaun kampaña ida.
Every citizen has political rights.	Sidadaun estadu hotu iha direitu polítiku.
We want to use our franchises.	Ami hakarak uza ami-nia direitu vota nian.
Parliament members must love the people.	Deputadu sira tenke hadomi povu.
It is true that they have to be honest.	Loos duni katak sira tenke laran-moos.
Who represents the people at the state level?	Sé mak reprezenta povu iha estadu?
The representatives in the parliament do.	Reprezentante sira iha parlamentu mak halo.
Does the president work by himself?	Prezidente serbisu mesak ka lae?
No, all the ministers help him.	Lae, ministru tomak ajuda nia.

SPORT / DESPORTU

Sport is good for the body.	Desportu ne'e di'ak ba ita-nia isin.
If the body is healthy, so is the soul.	Se isin di'ak, klamar mós sei di'ak.
We must do some exercise everyday.	Ita tenke halo desportu ruma loroloron.
A simple sport, like jogging.	Desportu simples, hanesan jogging.
What is your favorite sport?	Sá mak ó-nia desportu favoritu?
I like football.	Ha'u gosta tebe-bola.
I like horse racing.	Ha'u gosta halai-kuda.
My friend likes swimming.	Ha'u-nia maluk gosta nani.

I know many swimming strokes.	Ha'u hatene estilu nani barak.
I only like cycling.	Ha'u gosta sa'e bisikleta de'it.
Cycling is also a sport.	Sa'e bisikleta mós desportu ida.
Some sports are cheap; some are expensive.	Iha desportu be baratu, iha mós mak karun.
We can choose the sport we like.	Ita bele hili desportu mak ita gosta liuliu.
Sport also can make a country famous.	Desportu mós bele foti nasaun nia naran.
Sport should always be part of a nation's culture.	Desportu tenke sai parte hosi nasaun ida nia kultura.
In order to always be healthy, we must exercise.	Atubele isin-di'ak nafatin, ita tenke halo desportu.

LITERATURE / LITERATURA

I like native and foreign literature.	Ha'u gosta literatura rai-na'in no raiseluk.
Literature also brings happiness.	Literatura mós fó ksolok.
What genre of literature do you like?	Ó gosta literatura jéneru saida?
I like poetry and fiction.	Ha'u gosta poezia no fiksaun.
My neighbor writes short stories.	Ha'u-nia viziñu gosta hakerek kontu.
There are also many poets in East Timor.	Iha Timór-Leste mós iha poezia-na'in barak.
Os Lusíadas is a Portuguese epic.	Os Lusíadas mak ai-babelen portugés.
Do you recognize Fernando Pessoa?	Imi koñese Fernando Pessoa ka lae?
One of his poems is *Flor Que Não Dura*.	Ninia poezia ida mak "Flor Que Não Dura".
It was Pramoedya Ananta Toer who wrote the novel *Nyanyi Sunyi Seorang Bisu*.	Pramoedya Ananta Toer mak hakerek romanse Nyanyi Sunyi Seorang Bisu.
Have you read the novel *The Name of the Rose*, written by Umberto Eco?	Ó lee tiha ona romanse The Name of the Rose hosi Umberto Eco ka lae?
Not yet. Can you lend me yours?	Ladauk. Bele ó fó-empresta ó-nian ka lae?
I am reading *L'étranger* (*Stranger*) by Albert Camus.	Ha'u lee daudaun romanse L'étranger (Malae) hosi Albert Camus.
In which year did Boris Pasternak win the Nobel Prize for Literature?	Boris Pasternak manán Prémiu Nobel literatura nian iha tinan hira?
Wait a minute! I think it was in 1958.	Hein uitoan! Ha'u hanoin katak iha tinan 1958 (rihun ida atus sia limanulu-resin-ualu).

COLOR / KÓR

What is your favorite color?	Sá mak ó-nia kór favoritu?
My favorite color is…	Ha'u-nia kór favoritu mak…
black	metan
blue	biru, azúl
brown	kór-kafé
green	matak, lumut, verde
gray	kulabu, abuabu
orange	laranja
purple	kór-violeta
putih	mutin
red	mean
yellow	kunir, amarelu

IN WHICH PART? / IHA PARTE NE'EBÉ?

In the…	Iha (parte)…
east	lorosa'e
southeast	sudeste
south	súl
southwest	suduveste

west	*loromonu*
northwest	*nordueste*
north	*norte*
northeast	*norueste*

THE DAYS OF THE WEEK — *LORON IHA SEMANA IDA NIA LARAN*

What day is today?	*Ohin loron saida?*
What day was yesterday?	*Horisehik loron saida?*
What day is tomorrow?	*Aban loron saida?*
Sunday	*domingu, loron-domingu*
Monday	*segunda, loron-segunda*
Tuesday	*tersa, loron-tersa*
Wednesday	*kuarta, loron-kuarta*
Thursday	*kinta, loron-kinta*
Friday	*sesta, loron-sesta*
Saturday	*sábadu, loron-sábadu*

THE MONTHS OF THE YEAR — *FULAN IHA TINAN IDA NIA LARAN*

What month is it now?	*Ohin fulan saida?*
It is…	*Ohin (fulan-)…*
January	*Janeiru, fulan-Janeiru*
February	*Fevereiru, fulan-Fevereiru*
March	*Marsu, fulan-Marsu*
April	*Abríl, fulan-Abríl*
May	*Maiu, fulan-Maiu*
June	*Juñu, fulan-Juñu*
July	*Jullu, fulan-Jullu*
August	*Agostu, fulan-Agostu*
September	*Setembru, fulan-Setembru*
October	*Outubru, fulan-Outubru*
November	*Novembru, fulan-Novembru*
December	*Dezembru, fulan-Dezembru*

TODAY'S WEATHER — *TEMPU OHIN NIAN*

What is the weather like?	*Oinsá tempu ohin nian?*
It is cloudy.	*Rai-namahon, rai-kalohan*
It is cold.	*Rai-malirin*
It is foggy.	*Rai-ahu taka*
It is hot.	*Rai-manas*
It is raining.	*Rai-udan*
It is sunny.	*Rai-loro*
It is windy.	*Rai-anin*
The weather is bad.	*Tempu aat*

FAMILY AND RELATIVES — *FAMÍLIA NO PARENTE*

aunt (father's sister)	*tian; Tia (term of address)*
aunt (mother's older sister)	*inan-boot*
aunt (mother's younger sister)	*inan-ki'ik*
brother-in-law	*kuñadu, rian*
cross-cousin	*tuananga*
daughter	*oan-feto*
daughter-in-law	*feto-foun*

father, daddy	*aman, apá*
father-in-law	*aman-banin, banin-mane*
female cousin	*prima*
foster-father	*aman-hakiak*
foster-mother	*inan-hakiak*
granddaughter	*bei-oan feto*
grandfather	*abó-mane*
grandmother	*abó-feto*
grandparents	*abó sira, abón sira*
grandson	*bei-oan mane*
male cousin	*primu*
mother, mom	*inan, amá*
mother-in-law	*inan-banin, banin-feto*
nephew	*sobriñu*
niece	*sobriña*
older brother	*maun (also used as a term of address)*
older sister	*biin; Mana (term of address)*
sister-in-law	*kuñada, ka'an*
son	*oan-mane*
son-in-law	*mane-foun*
stepfather	*aman-fudi*
stepmother	*inan-fudi*
uncle (father's older brother)	*aman-boot*
uncle (father's younger brother)	*aman-ki'ik*
uncle (mother's brother)	*tiun; Tiu (term of address)*
younger brother	*alin-mane*
younger sister	*alin-feto*

Appendix 2

Geographical Names[55]

This list shows the spelling of geographical names in English and Tetum. Inclusion in this list does not imply sovereign state status. Please notice that Tetum masculine adjectives ending in *-és* will have the feminine ending *-eza* (for example, *albanés* (m), *albaneza* (f)); and those ending in *-u* will have the ending *-a*, (for example, *australianu* (m), *australiana* (f)). Any Tetum adjective of nationality ending in *-ense* (e.g. *singapurense*), *-ita* (e.g. *izraelita*), *-e* (*etíope*), or *-í* (e.g. *somalí*) is both masculine and feminine.

No.	Country; Adjective	Rain/País; Adjetivu	Capital City	Sidade-inan
1.	Afghanistan; *Afgan*	*Afeganistaun;* afegaun	Kabul	*Kabúl*
2.	Albania; *Albanian*	*Albánia;* albanés, -eza	Tiranë	*Tirana*
3.	Algeria; *Algerian*	*Aljélia;* arjelinu, -a	Algiers	*Arjél*
4.	Andorra; *Andorran*	*Andorra;* andorranu	Andorra la Vella	*Andorra Tuan*
5.	Angola; *Angolan*	*Angola;* angolanu	Luanda	*Luanda*
6.	Antigua and Barbuda; *Antiguan; Barbudan*	*Antígua no Barbuda;* antíguu-barbudanu	Saint John's	*Saint John's*
7.	Argentina; *Argentinian*	*Arjentina;* arjentinu	Buenos Aires	*Buenos Aires*
8.	Armenia; *Armenian*	*Arménia;* arméniu	Yerevan	*Ereván*
9.	Aruba; *Aruban*	*Aruba;* arubanu	Oranjestad	*Oranjestad*
10.	Australia; *Australian*	*Austrália;* australianu	Canberra	*Kamberra*
11.	Austria; *Austrian*	*Austria;* austríaku	Vienna	*Viena*
12.	Azerbaijan; *Azerbaijani, Azeri*	*Azerbaijaun;* azerbaijanés	Baku	*Baku*
13.	Bahamas; *Bahamian*	*Bahamas;* bahamianu	Nassau	*Nassau*
14.	Bahrain; *Bahraini*	*Barein;* baremita	Manama	*Manama*
15.	Bangladesh; *Bangladeshi*	*Bangladéx;* bangladexianu	Dhaka	*Daka*
16.	Barbados; *Barbadian*	*Barbadus;* barbadense	Bridgetown	*Bridgetown*
17.	Belarus; *Belorussian, Belarusian*	*Belarus;* bielorusu	Minsk	*Minsk*
18.	Belgium; *Belgian*	*Béljika;* belga	Brussels	*Bruxelas*
19.	Belize; *Belizean*	*Belize;* belizense	Belmopan	*Belmopan*
20.	Benin; *Beninese*	*Benín;* beninés, -eza	Porto-Novo	*Porto Novo*
21.	Bermuda; *Bermud(i)an*	*Bermudas;* bermudense	Hamilton	*Hamilton*
22.	Bhutan; *Bhutanese*	*Butaun;* butanes, -eza	Thimphu	*Timbu*
23.	Bolivia; *Bolivian*	*Bolívia;* bolivianu	La Paz	*La Paz*
24.	Bosnia and Herzegovina; *Bosnian*	*Bóznia no Erjegovina;* bozníaku	Sarajevo	*Sarajevu*
25.	Botswana; *Botswanan*	*Botsuana;* botsuanu	Gaborone	*Gaborone*
26.	Brazil; *Brazilian*	*Brazíl;* brazileiru	Brasília	*Brazília*
27.	Brunei Darussalam; *Brunei, Bruneian*	*Brunei Darusalám;* bruneínu	Bandar Seri Begawan	*Bandar Seri Begawan*
28.	Bulgaria; *Bulgarian*	*Bulgária;* búlgaru	Sofia	*Sófia*
29.	Burkina Faso; *Burkinese*	*Burkina Faso;* burkinés	Ouagadougou	*Ugadugu*
30.	Burundi; *Burundian*	*Burundí;* burundinés	Bujumbura	*Bujumbura*

---

[55] This list is based on the *World Maps of Microsoft Encarta Encyclopedia Deluxe 2000*, David Appleyard's *Overview of Territory-Related Words* (http://www.davidappleyard.com/english/territory_words.htm) and *Nasaun sira-nia Naran, Mahorik no Kapitál sira iha Tetun Ofisiál, Instituto Nacional de Linguística/Institutu Nasionál Linguística nian,* Dili, 2004 (http://www.asianlang.mq.edu.au/INL/nomes.pdf).

31.	Cambodia; *Cambodian*	*Kamboja;* kambojanu	Phnom Penh	*Phnom Penh*
32.	Cameroon; *Cameroonian*	*Kamaroins;* kamaronés	Yaoundé	*Laundé*
33.	Canada; *Canadian*	*Kanadá;* kanadianu	Ottawa	*Otava*
34.	Cape Verde; *Cape Verdean*	*Kabuverde;* kabuverdianu	Praia	*Praia*
35.	Central African Rep.; *Central African*	*Républika Sentruafrikana;* sentruafrikanu	Bangui	*Bangí*
36.	Chad; *Chadian*	*Xade;* xadianu	N'Djamena	*Jamena*
37.	Chile; *Chilean*	*Xile;* xilenu	Santiago	*Santiagu*
38.	Cina; *Chinese*	*Xina;* xinés, -eza	Beijing	*Pekín*
39.	Colombia; *Colombian*	*Kolómbia;* kolombianu	Bogota	*Bogotá*
40.	Comoros; *Comoran*	*Komores;* komorianu	Moroni	*Moroni*
41.	Congo, Democratic Rep. of the; *Congolese*	*Zaíre, Kongu-Kinxasa;* kongolés, -eza	Kinshasa	*Kinxasa*
42.	Congo, Rep. of the; *Congolese*	*Kongu, Kongu-Brazavile;* kongolés, -eza	Brazzaville	*Brazavile*
43.	Costa Rica; *Costa Rican*	*Kostarrika;* kostarrikeñu	San José	*Saun Jozé*
44.	Côte d'Ivoire; *Ivorian*	*Kosta-Marfín;* kostamarfinense	Yamoussoukro	*Yamusukro*
45.	Croatia; *Croatian, Croat*	*Kroásia;* kroata	Zagreb	*Zagrábia*
46.	Cuba; *Cuban*	*Kuba;* kubanu	Havana	*Avana*
47.	Cyprus; *Cypriot*	*Xipre;* sipriota	Nicosia	*Nikózia*
48.	Czech Rep.; *Czech*	*Xeko;* xeku	Praha	*Praga*
49.	Denmark; *Danish, Dane*	*Dinamarka;* dinamarkés	Copenhagen	*Kopeña*
50.	Djibouti; *Djiboutian*	*Jebutí;* jibutianu	Djibouti	*Jibutí*
51.	Dominica; *Dominican*	*Domínika;* dominikanu	Roseau	*Roseau*
52.	Dominican Rep.; *Dominican*	*Repúblika Domikana;* dominikanu	Santo Domingo	*Saun Domingus*
53.	East Timor; *Timorese, East Timorese*	*Timór Lorosa'e;* Timoroan; timór	Dili	*Dili*
54.	Ecuador; *Ecuadorian*	*Ekuadór;* ekuatorianu	Quito	*Kitu*
55.	Egypt; *Egyptian*	*Ejitu;* ejípsiu	Kairo	*Kairu*
56.	El Salvador; *Salvadorean*	*El Salvador;* salvadoreñu	San Salvador	*Saun Salvadór*
57.	Equatorial Guinea; *Equatorial Guinean*	*Giné Ekuatoriál;* gineense	Malabo	*Malabo*
58.	Eritrea; *Eritrean*	*Eritreia;* eritreu, -eia	Asmera	*Azmara*
59.	Estonia; *Estonian*	*Estónia;* estóniu	Tallinn	*Talín*
60.	Ethiopia; *Ethiopian*	*Etiópia;* etíope	Addis Ababa	*Adizabeba*
61.	Faroe Islands; *Faroese*	*Faroé;* faroense	Tórshavn	*Thorshavn*
62.	Fiji; *Fijian*	*Fijí;* fijianu	Suva	*Suva*
63.	Finland; *Finnish, Finn*	*Finlándia;* finlandés, -eza	Helsinki	*Elsínki*
64.	France; *French*	*Fransa;* fransés, -eza	Paris	*París*
65.	French Guiana; *Guianese*	*Giana Franzesa;* gianés	Cayenne	*Kaiena*
66.	French Polynesia; *Polynesian*	*Polinézia Franzesa;* polinéziu (fransés)	Papeete	*Papeete*
67.	Gabon; *Gabonese*	*Gabaun;* gabonés	Libreville	*Libreville*
68.	Gambia, The; *Gambian*	*Gámbia;* gambianu	Banjul	*Banjul*
69.	Georgia; *Georgian*	*Jeórjia;* jeorjianu	Tbilisi	*Tbilisi*
70.	Germany; *German*	*Alemaña;* alemaun	Berlin	*Berlín*
71.	Ghana; *Ghanaian*	*Gana;* ganés, -eza	Accra	*Akra*
72.	Greece; *Greek*	*Grésia;* gregu	Athens	*Atenas*
73.	Greenland; *Greenland*	*Gronelándia;* gronelandés	Nuuk	*Nuuk*
74.	Grenada; *Grenadian*	*Granada;* granadinu	Saint George's	*Saint George's*
75.	Guadeloupe; *Guadeloupean*	*Guadalupe;* guadalupinu	Basse-Terre	*Basse-Terre*
76.	Guam; *Guamanian*	*Guame;* guamés, -eza	Agana	*Agaña*

77.	Guatemala; *Guatemalan*	*Guatemala;* guatemalteku	Guatemala City	*Sidade-Guatemala*
78.	Guinea; *Guinean*	*Giné;* gineense	Conakry	*Konakrí*
79.	Guinea-Bissau; *Guinea-Bissauan*	*Giné-Bisau;* gineense	Bissau	*Bisau*
80.	Guyana; *Guyanese*	*Giana;* gianés, -eza	Georgetown	*Georgetown*
81.	Haiti; *Haitian*	*Haití;* haitianu	Port-au-Prince	*Port-au-Prince*
82.	Honduras; *Honduran*	*Onduras;* ondureñu	Tegucigalpa	*Tegusigalpa*
83.	Hong Kong; *Hong Kong/Chinese*	*Honkóng;* honkongés	Hong Kong	*Honkóng*
84.	Hungary; *Hungarian*	*Ungria;* úngaru	Budapest	*Budapeste*
85.	Iceland; *Icelandic*	*Izlándia;* izlandés, -eza	Reykjavík	*Reikiavike*
86.	India; *Indian*	*India;* indianu	New Delhi	*Delí Foun*
87.	Indonesia; *Indonesian*	*Indonézia;* indonéziu	Jakarta	*Jakarta*
88.	Iran; *Iranian*	*Iraun;* iranianu	Tehran	*Teeraun*
89.	Iraq; *Iraqi*	*Irake;* irakianu	Baghdad	*Bagdade*
90.	Ireland; *Irish*	*Irlanda;* irlandés, -eza	Dublin	*Dublín*
91.	Israel; *Israeli*	*Izraél;* izraelita	Jerusalem	*Jeruzalein*
92.	Italy; *Italian*	*Itália;* italianu	Rome	*Roma*
93.	Jamaica; *Jamaican*	*Jamaika;* jamaikanu	Kingston	*Kingston*
94.	Japan; *Japanese*	*Japaun;* japonés, -eza	Tokyo	*Tókiu*
95.	Jordan; *Jordanian*	*Jordánia;* jordanu	Amman	*Amán*
96.	Kazakhstan; *Kazak*	*Kazakistaun;* kazake	Astana	*Astana*
97.	Kenya; *Kenyan*	*Kénia;* kenianu	Nairobi	*Nairobi*
98.	Kiribati; *Kiribati/Kiribatian*	*Kiribás;* kiribatianu	South Tarawa	*Tarawa Súl*
99.	Kosovo, *Kosovan*	*Kozovu;* kozovár	Priština	*Prixtina*
100.	Kuwait; *Kuwaiti*	*Kuwait;* kuwaitianu	Kuwait	*Sidade-Kuwait*
101.	Kyrgyzstan; *Kyrgyz/Kirghiz*	*Kirgízia;* kirgize	Bishkek	*Bixkeke*
102.	Laos; *Lao/Laotian*	*Laos;* laosianu	Vientiane	*Viensiana*
103.	Latvia; *Latvian*	*Letónia;* letaun	Riga	*Riga*
104.	Lebanon; *Lebanese*	*Líbanu;* libanés, -eza	Beirut	*Beirute*
105.	Lesotho; *Basotho/Lesotho*	*Lezotu;* lezotianu	Maseru	*Maseru*
106.	Liberia; *Liberian*	*Libéria;* liberianu	Monrovia	*Monróvia*
107.	Libya; *Lybian*	*Líbia;* líbiu	Tripoli	*Trípoli*
108.	Liechtenstein; *Liechtenstein*	*Listenstaina;* listenstainianu	Vaduz	*Vaduz*
109.	Lithuania; *Lithuanian*	*Lituánia;* lituanu	Vilnius	*Vilnius*
110.	Luxembourg; *Luxembourge/Luxembourgian*	*Luxemburgu;* luxemburgés, -eza	Luxembourg	*Luxemburgu*
111.	Macau/Macao; *Macau*	*Makau;* makaense	Macau	*Makau*
112.	Macedonia, Former Yugoslav Rep. of; *Macedonian*	*Masedónia;* masedóniu	Skopje	*Skópie*
113.	Madagascar; *Malagasy/Madagascan*	*Madagaskar;* malgaxe	Antananarivo	*Antananarivo*
114.	Malawi; *Malawian*	*Malavi;* malavianu	Lilongwe	*Lilongwe*
115.	Malaysia; *Malaysian*	*Malázia;* maláziu	Kuala Lumpur	*Kuala Lumpur*
116.	Maldives; *Maldivian*	*Maldivas;* maldivanu	Male	*Malé*
117.	Mali; *Malian*	*Malí;* malianu	Bamako	*Bamaku*
118.	Malta; *Maltese*	*Malta;* maltés, -eza	Valletta	*La Valeta*
119.	Martinique; *Martinican*	*Martinika;* martinikanu	Fort-de-France	*Fort-de-France*
120.	Mauritania; *Mauritanian*	*Mauritánia;* mauritanu	Nouakchott	*Nuakxote*
121.	Mauritius; *Mauritian*	*Maurisía;* maurisianu	Port Louis	*Port-Louis*
122.	Mayotte; *Mayottean*	*Mayotte/Maiota;* maiotense	Mamoudzou	*Mamudzu*
123.	Mexico; *Mexican*	*Méxiku;* mexikanu	Mexico City	*Sidade-Méxiku*

124.	Micronesia; *Micronesian*	*Mikronézia;* mikronéziu	Kolonia	*Palikir*
125.	Moldova; *Moldovan*	*Moldávia;* moldavu	Chişinău	*Kixinau*
126.	Monaco; *Monégasque/ Monacan*	*Mónaku;* monegasku	Monaco-Ville	*Mónaku*
127.	Mongolia; *Mongolian*	*Mongólia;* mongól	Ulaanbaatar	*Ulan Bator*
128.	Montenegro; *Montenegrin*	*Montenegru;* montenegrinu	Podgorica	*Podgórista*
129.	Morocco; *Moroccan*	*Marrokus;* marrokinu	Rabat	*Rabate*
130.	Mozambique; *Mozambiquean*	*Mosambike;* mosambikanu	Maputo	*Maputu*
131.	Myanmar; *Burmese*	*Myanmar;* birmanés	Naypyidaw	*Naipidau*
132.	Namibia; *Namibian*	*Namíbia;* namibianu	Windhoek	*Windhoek*
133.	Nauru; *Nauruan*	*Naurú;* namibianu	Yaren	*Yaren*
134.	Nepal; *Nepalese/Nepali*	*Nepál;* nepalés	Kathmandu	*Katmandú*
135.	Netherlands Antilles; *Netherlands Antillian*	*Antillas Balanda;* antillanu	Willemstad	*Willemstad*
136.	Netherlands, The; *Dutch*	*Olanda;* balanda, olandés, -eza	Amsterdam	*Amsterdaun*
137.	New Caledonia; *New Caledonian*	*Kaledónia Foun;* neokaledóniu	Nouméa	*Numea*
138.	New Zealand; *New Zealand(er)*	*Zelándia Foun;* neokaledóniu	Wellington	*Wellington*
139.	Niger; *Nigerien*	*Nijer;* nijerinu	Niamey	*Niamei*
140.	Nigeria; *Nigerian*	*Nijéria;* nijerianu	Abuja	*Abuja*
141.	Nikaragua; *Nicaraguan*	*Nikarágua;* nikaraguense	Managua	*Manágua*
142.	North Korea; *North Korean*	*Koreia Norte;* nortekoreanu	P'yŏngyang	*Pionián*
143.	Norway; *Norwegian*	*Noruega;* noruegés, -eza	Oslo	*Oslo*
144.	Oman; *Omani*	*Omán;* omanense	Masqat	*Maskate*
145.	Pakistan; *Pakistani*	*Pakistaun;* pakistanés	Islamabad	*Izlamabade*
146.	Palau; *Palauan*	*Palau;* palauanu	Koror	*Koror*
147.	Palestine; *Palestinian*	*Palestina;* palestinianu	Jerusalem (East)[56]	*Jeruzalein (Lorosa'e)*
148.	Panama; *Panamanian*	*Panama;* panamense	Panama City	*Sidade-Panamé*
149.	Papua New Guinea; *Papuan/Papua New Guinean*	*Papua-Giné Foun;* papua	Port Moresby	*Port Moresby*
150.	Paraguay; *Paraguayan*	*Paraguai;* paraguaiu	Asunción	*Asunsaun*
151.	Peru; *Peruvian*	*Perú;* peruanu	Lima	*Lima*
152.	Philippines, The; *Philippine/Filipino*	*Filipinas;* filipinu	Manila	*Manila*
153.	Poland; *Polish*	*Polónia;* polaku	Warsaw	*Varsóvia*
154.	Portugal; *Portuguese*	*Portugál;* portugés, -eza	Lisbon	*Lisboa*
155.	Puerto Rico; *Puerto Rican*	*Porturriku;* portorrikeñu	San Juan	*Saun Juaun*
156.	Qatar; *Qatari*	*Katár;* katarense	Doha	*Doha*
157.	Réunion; *Réunionese*	*Reuniaun;* reunionense	Saint-Denis	*Saint-Denis*
158.	Rumania; *Rumanian*	*Ruménia;* romenu	Bucharest	*Bukareste*
159.	Russia; *Russian*	*Rúsia;* rusu	Moscow	*Moskovu*
160.	Rwanda; *Rwandan*	*Ruanda;* ruandés, -eza	Kigali	*Kigali*
161.	Saint Kitts and Nevis; *St. Kittian Nevitian*	*Saun Kristóvaun no Neves;* kristovunevense	Basseterre	*Basseterre*
162.	Saint Lucia; *Saint Lucian*	*Santa Lúsia;* santalusiense	Casteries	*Castries*

---

[56] Ramallah currently serves as the de facto administrative capital of Palestinian administration.

163.	Saint Vincent and The Grenadines; *(St.) Vincentian Grenadinian*	*Saun Visente no Granadinas;* visentinu-granadinu	Kingstown	*Kingstown*
164.	Samoa, West; *Samoan*	*Samoa;* samoanu	Apia	*Apia*
165.	San Marino; *San Marinese*	*Saun Mariñu;* saunmariñense	San Marino	*Saun Mariñu*
166.	São Tomé and Príncipe; *Sào Toméan Principean*	*Saun Tomé no Prínsipe;* sauntomense	São Tomé	*Saun Tomé*
167.	Saudi Arabia; *Saudi/Saudi Arabian*	*Arábia Saudita;* saudita	Riyadh	*Riade*
168.	Senegal; *Senegalese*	*Senegál;* senegalés	Dakar	*Dakár*
169.	Serbia; *Serbian*	*Sérvia;* sérviu	Belgrade	*Belgradu*
170.	Seychelles; *Seychellois*	*Seixeles;* seixelense	Victoria	*Vitória*
171.	Sierra Leone; *Sierra Leonean*	*Serra Leon;* serraleonés, -eza	Freetown	*Freetown*
172.	Singapore; *Singaporean*	*Singapura;* singapurense	Singapore	*Singapura*
173.	Slovakia; *Slovak*	*Eslovákia;* eslovaku	Bratislava	*Bratislava*
174.	Slovenia; *Slovenian*	*Eslovénia;* eslovenu	Ljubljana	*Lubiana*
175.	Solomon Islands; *Solomon Island*	*Nusar Salomaun;* salomonense	Honiara	*Honiara*
176.	Somalia; *Somali*	*Somália;* somalí	Mogadishu	*Mogadixu*
177.	South Africa; *South African*	*Áfrika Súl;* sulafrikanu	Pretoria	*Pretória*
178.	South Korea; *South Korean*	*Koreia Súl;* sulkoreanu	Seoul	*Seúl*
179.	Spain; *Spanish*	*España;* español, -ola	Madrid	*Madríd*
180.	Sri Lanka; *Sri Lankan*	*Srilanka;* singalés, -eza	Kotte[57]	*Kotte*
181.	Sudan; *Sudanese*	*Sudaun;* sudanés, -eza	Khartoum	*Kartún*
182.	Suriname; *Surinamese*	*Suriname;* surinamense	Paramaribo	*Paramaribu*
183.	Swaziland; *Swazi*	*Suazilándia;* suazilandés	Mbabane	*Mbabane*
184.	Sweden; *Swedish*	*Suésia;* sueku	Stockholm	*Estokolmu*
185.	Switzerland; *Swiss*	*Suisa;* suisu	Bern	*Berna*
186.	Syria; *Syrian*	*Síria;* síriu	Damascus	*Damasku*
187.	Taiwan; *Taiwanese*	*Taiwán;* taiwanés, -eza	T'aipei	*Taipé*
188.	Tajikistan; *Tajik*	*Tajikistaun;* tajike	Dushanbe	*Duxambé*
189.	Tanzania; *Tanzanian*	*Tanzánia;* tanzanianu	Dodoma	*Dodoma*
190.	Thailand; *Thai*	*Tailándia;* tailandés	Bangkok	*Bankoke*
191.	Togo; *Togolese*	*Togu;* togolés, -eza	Lomé	*Lomé*
192.	Tonga; *Tongan*	*Tonga;* tonganés, -eza	Nuku'alofa	*Nuku'alofa*
193.	Trinidad and Tobago; *Trinidadian, Tobagan*	*Trindade no Tobagu;* trindado-tobagense	Port-of-Spain	*Port of Spain*
194.	Tunisia; *Tunisian*	*Tunízia;* tunizinu	Tunis	*Tunis*
195.	Turkey; *Turkish, Turk*	*Turkia;* turku	Ankara	*Ankara*
196.	Turkmenistan; *Tukmen/ Turkmenian/Turkoman*	*Turkomenistaun;* turkomenu	Ashgabad	*Axgabade*
197.	Tuvalu; *Tuvaluan*	*Tuvalu;* tuvaluanu	Fongafale	*Fongafale*
198.	Uganda; *Ugandan*	*Uganda;* ugandés, -eza	Kampala	*Kampala*
199.	Ukraine; *Ukrainian*	*Ukráina;* ukranianu	Kiev	*Kieve*
200.	United Arab Emirates; *Emirati*	*Emiratu Arabi Naklibur;* emiratense	Abu Dhabi	*Abudabi*
201.	United Kingdom; *British*	*Reinu Naklibur;* britániku	London	*Londres*
202.	United States of America; *American*	*Estadus Unidus, Estadu Naklibur sira;* estadunidense	Washington, D.C.	*Washington*

---

[57] The full name is Sri Jayawardenapura-Kotte.

203.	Uruguay; *Uruguayan*	*Uruguai;* urugaiu	Montevideo	*Montevideu*
204.	Uzbekistan; *Uzbek*	*Uzbekistaun;* uzbeke	Tashkent	*Taxkent*
205.	Vanuatu; *Vanuatuan*	*Vanuatu;* vanuatuanu	Port-Vila	*Portu Vila*
206.	Vatican, The; *Vatikan*	*Vatikanu;* vatikanu	Vatican City	*Sidade-Vatikanu*
207.	Venezuela; *Venezuelan*	*Venezuela;* venezuelanu	Carakas	*Karakas*
208.	Vietnam; *Vietnamese*	*Vietname;* vietnamita	Hanoi	*Hanoi*
209.	Virgin Islands; *Virgin Island*	*Nusar Virjen;* virjinense	Charlotte Amalie	*Charlotte Amalie*
210.	Yemen; *Yemeni*	*Iemen;* iemenita	Sana'a	*Saná*
211.	Zambia; *Zimbian*	*Zámbia;* zambianu	Lusaka	*Luzaka*
212.	Zimbabwe; *Zimbabwean*	*Zimbabué;* zimbabuense	Harare	*Harare*

Appendix 3

Symbols and Punctuation

1. Symbols

=	equals; is the same as *hanesan*	$	dollar *dolar*
≠	does not equal *la hanesan*	€	euro *euro*
≈	is approximately equal to *maizumenus hanesan*	©	copyright *kopirraite*
>	is more than *boot liu hosi*	±	more or less *maizumenus*
<	is less than *ki'ik liu hosi*	%	percent *porsentu*
∴	therefore *ne'e-duni, entaun*	®	trademark *marka-fábrika*
&	and *no, i*	♂	male *mane*
£	paund sterling *libra*	♀	female *feto*

2. Punctuation

(.)	full stop, period *pontu*	(')	apostrophe *apóstrofu*
(:)	colon *pontu-rua*	(–)	dash *travesaun*
(;)	semicolon *pontuivírgula*	(…)	dots, ellipses *retisénsia*
(,)	comma *vírgula*	(*)	asterisk *asterisku*
(?)	question mark *pontu-interrogasaun*	[ ]	square brackets *retus*
(!)	exclamation mark *pontu-esklamativu*	(" ")	quotation marks *aspas*
(-)	hyphen *ifen*		
( )	parenthesis/brackets *parénteze*		

Appendix 4

The Human Body

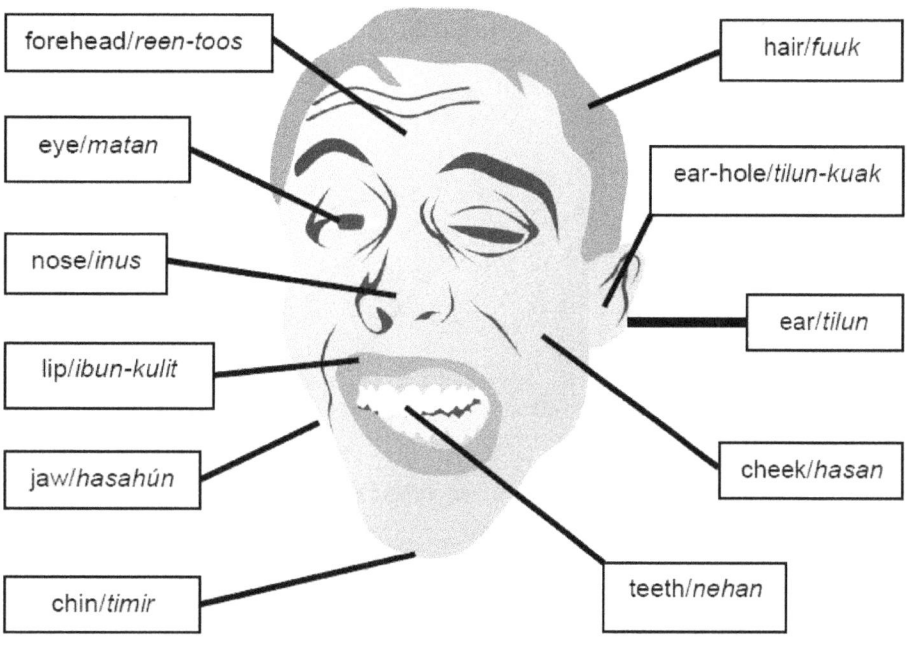

The face/Oin

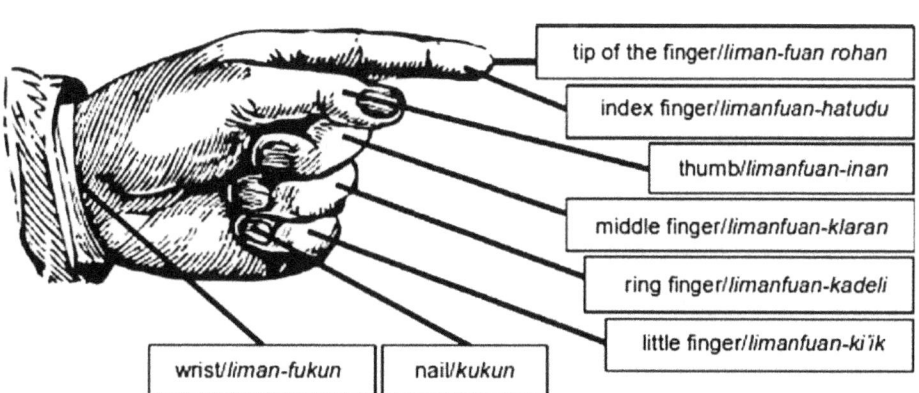

The hand/Liman

---

[58] The clipart used as human body illustrations, as well as that found in the body of the book (with the exception of the picture of East Timorese passport in *Lisaun 1* by Engelbertus Kase and those in the one-month calendar in *Lisaun 4* by myself) was taken from https://openclipart.org. This clipart is public domain, availble for unlimited commercial use.

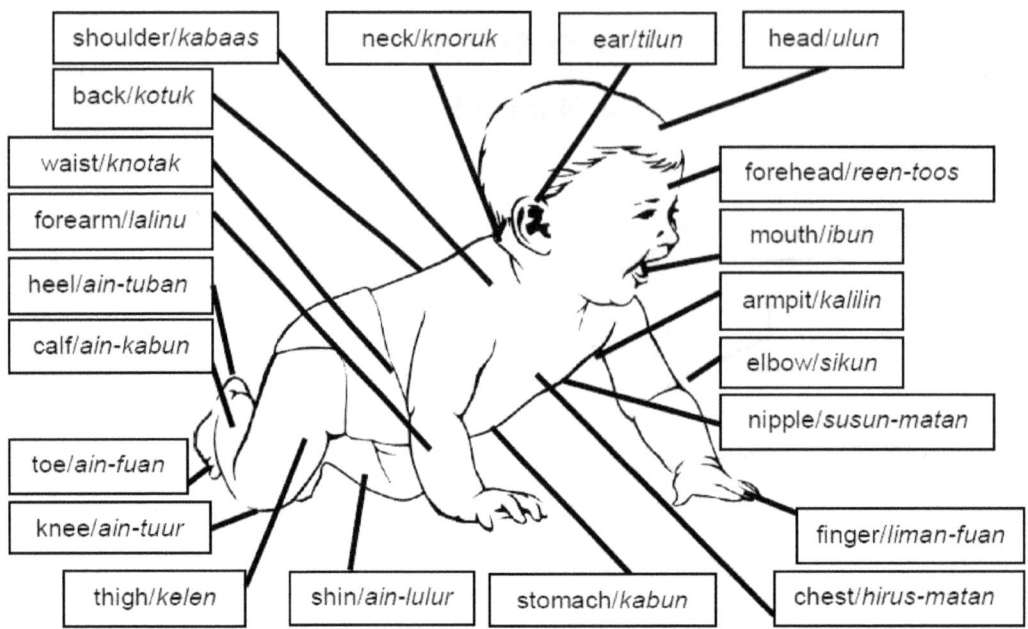

The body/Isin

Appendix 5
Sample Letters

1. Informal Letter

Yogyakarta, 10 Marsu 2015

Ha'u-nia belun doben Amélia,

Di'ak ka lae? Ha'u espera katak ó di'ak hela. Ha'u iha-ne'e mós di'ak. Kleur ona ita la hakerek ba malu. Tanba kontinua estudu, ha'u muda mai iha Java. Iha-ne'e, ha'u hela besik universidade. Kuandu foin to'o mai, ha'u sente susar, maibé agora ha'u gosta sidade ida-ne'e. Maski hela iha Java, ha'u-nia planu atu aprende lia-javanés seidauk la'o didi'ak tanba ema sira gosta liu ko'alia lia-indonézia ho ha'u. Alende estuda, ha'u badinas vizita fatin istóriku barak, porezemplu muzeu liurai javanés nian, no hola parte iha atividade kulturál oioin. Ha'u-nia liafuan sira mak ne'e de'it. Favór ida hatán surat ida-ne'e tanba ha'u hakarak tebetebes hatene ó-nia lia-foun.

Hako'ak boot,

Adriano

2. Formal Letter

Pante-Makasár, 15 Abríl 2015

Señór Ximenes mak ha'u respeita,

Lee tiha Ita-Boot nia anúnsiu iha revista *Computa* edisaun fulan ne'e nian, ha'u hakerek ba Ita-Boot atu husu informasaun liután kona-ba komputadór foun sira-ne'ebé mosu tiha ona ho imajen furak iha revista ida-ne'e. Favór ida haruka mai ha'u detalle sasán sira-nian (marka, modelu, kapasidade, folin, nsst.) atu ha'u bele biban hili didi'ak produtu ne'ebé ha'u hakarak sosa.

Obrigadu barak nanis ba Ita-Boot nia atensaun no tulun.

Ho neon,

Aristóteles Manek Barbosa

Appendix 6

Table of Cardinal and Ordinal Numbers

Cardinal Numbers		Ordinal Numbers[59]	
0	zeru		
1	ida	1st	dahuluk (*primeiru*)
2	rua	2nd	daruak (*segundu*)
3	tolu	3rd	datoluk (*terseiru*)
4	haat	4th	dahaat (*kuartu*)
5	lima	5th	dalimak (*kintu*)
6	neen	6th	daneen (*sestu*)
7	hitu	7th	dahituk (*setimu*)
8	ualu, walu	8th	daualuk (*oitavu*)
9	sia	9th	dasiak (*nonu*)
10	sanulu	10th	dasanuluk (*désimu*)
11	sanulu-resin-ida	11th	dasanulu-resin-idak (*désimu primeiru*)
12	sanulu-resin-rua	12th	dasanulu-resin-ruak (*désimu segundu*)
13	sanulu-resin-tolu	13th	dasanulu-resin-toluk (*désimu terseiru*)
20	ruanulu	20th	daruanuluk (*vijésimu*)
21	ruanulu-resin-ida	30th	datolunuluk (*trijésimu*)
23	ruanulu-resin-rua	40th	dahaatnuluk (*kuarajésimu*)
30	tolunulu	50th	dalimanuluk (*kinkuajésimu*)
40	haatnulu	60th	daneenuluk (*sexajésimu*)
50	limanulu	70th	dahitunuluk (*septuajésimu*)
60	neenulu	80th	daualunuluk (*oktojésimu*)
70	hitunulu	90th	dasianuluk (*nonajésimu*)
80	ualunulu	100th	da'atus-idak (*sentajésimu*)
90	sianulu	1,000th	darihun-idak (*milésimu*)
100	atus ida		
101	atus ida-resin-ida		
200	atus rua		
300	atus tolu		
1,000	rihun ida		
1,001	rihun ida-resin-ida		
1,976	rihun ida atus sia hitunulu-resin-neen		
1,999	rihun ida atus sia sianulu-resin-sia		
2,000	rihun rua		
3,000	rihun tolu		
1,000,000	millaun ida		

---

[59] Many speakers of Tetum tend to apply ordinal numbers adopted from Portuguese (put in the brackets).

Appendix 7
Prefixes and Suffixes[60]

1. Prefixes

da-   prefix of ordinal numbers (from *dala*): **da**huluk the first, **da**ruak the second, etc.

ha-   causative prefix used to form transitive verbs from adjectives and intransitive verbs: *baruk* (lazy) → **ha**baruk (to make lazy); *fo'er* (new) → **ha**fo'er (to make dirty)

hak-   passive verbal prefix forming intransitive verbs from causative verbs: *hatama* (to insert, introduce) → **hak**tama (to be inserted, introduced)

ham-   variant of the prefix **hak-**: *hadomi* (to love) → **ham**domi (to be loved)

ma-   prefix denoting the agent of a verb's action: *kaer* (to hold) → **ma**kaer (holder)

mak-   agentive prefix, like **ma-**: *bosok* (to deceive) → **mak**bosok (deceiver)

na-   prefix of intransitive verbs: *tahu* (mud) → **na**tahu (to get muddy)

na'in-   prefix attached to numerals referring to human beings only: *mane* **na'in**-hitu (seven men); *turista* **na'in**-rua (two tourists)

nak-   prefix of passive verbs: *fahe* (to divide) → **nak**fahe (to be divided)

nam-   prefix of passive verbs. It is a variant of the prefix **nak-**: *ku'u* (to pick, pluck) → **nam**ku'u (to be picked, be plucked)

2. Suffixes

-hun   suffix indicating base, plant, trunk, or tree: *riin*-**hun** (pedestal), *derok*-**hun** (lemon tree)

-k   suffix indicating persons or doers, always combined with the prefix **mak-**: *rona* (to listen, hear) → *makrona***k** (listener), *simu* (to receive) → *maksimu***k** (recipient)

-laek   suffix meaning *-less*, always joined to nouns: *anin* (wind) → *anin*-**laek** (windless)

-na'in   suffix denoting persons or doers: *hakerek*-**na'in** (writer), *sani*-**na'in** (reader)

-sorin   suffix indicating one of a pair of something or half of something: *tilun*-**sorin** (the other ear), *sapatu*-**sorin** (the other shoe); *litru*-**sorin** (half a liter)

-teen   suffix forming adjectives describing negative human qualities. It forms nouns with a derogatory sense: *na'ok* (to steal, rob) → *na'ok*-**teen** (thief, robber)

---

[60] This is a list of commonly used Tetum prefixes and suffixes. It does not include those adopted from Portuguese.

Dictionary

English-Tetum

Aa

a *article* ida; ~ **few,** hirak; ~ **little bit,** uitoan; ~ **lot,** barak, wa'in; ~ **month,** fulan ida; ~ **person,** ema ida
about *prep* (*corcerning*) kona-ba, sobre. *adv* (*around*) kala, maizumenus
above *prep* iha leten
abroad *adj, adv* tasi-balun
absolute *adj* absolutu, -a
abuse *n* abuzu
accident *n* azár, dezastre
according to *adv* haktuir, konforme, tuir
accustom *vt* hatoman; **to be ~ed to,** toman
across *adv, prep* hakat
actor *n* atór
actress *n* atrís
actually *adv* tuir loos, tuir loloos
adapt *vt* adapta
adaptation *n* adaptasaun
administration *n* administrasaun
adult *adj* tinan-boot. *n* ema tinan-boot, adultu; **more ~,** tinan-boot liu
advantage *n* vantajen
Advent *n* Adventu
advice *n* konsellu
afraid *adj* ta'uk
Africa *n* Áfrika, rai-Áfrika
African *adj, n* afrikanu, -a
after *adv* depois. *prep* depoizde, liu; ~ **that,** hafoin, depois
afternoon *n* loraik, lokraik
afterwards *adv* depois, hotutiha, liutiha
against *prep* hasoru, kontra
age *n* otas, tinan
agency *n* ajénsia
agent *n* ajente
agrarian *adj* agráriu, -a
agriculture *n* agrikultura
ah! *interj* ha'a!
airport *n* aeroportu
alcoholic *adj* hemu-teen (*a person*)
all *adj, pron* hotu; tomak; ~ **alone,** mesak de'it; ~ **of a sudden,** tekitekir, derrepente; ~ **of them,** sira hotu-hotu
almost *adv* kuaze, besik atu
alone *adj, adv* mesak
already *adv* tiha, ona
also *conj* mós

although *conj* maski, biar, embora, mézmuke
always *adv* beibeik, sempre, nafatin
American *adj, n* amerikanu, -a. *n* (*a person*) Amérika-oan
among(st) *prep* entre; leet
and *conj* i, no
anecdote *n* anedota
angel *n* anju
ankle *n* ain-fukun
another *adj, pron* seluk
answer *vti* hatán, responde. *n* lia-hatán, hatán, resposta
any *adj, pron* naran
apart; ~ from *prep* alende
appointment *n* enkontru
approximately *adv* kala, maizumenus
April *n* Abríl, fulan-Abríl
Argentina *n* Arjentina, rai-Arjentina
Argentinian *adj, n* arjentinu, -a. *n* (*a person*) Arjentina-oan
around *prep* hadulas, hale'u
arrive *vi* to'o
as *adv, conj* enkuantu; momentu; nu'udar; ~ **far ~,** to'o; ~ **usual,** hanesan baibain
Asia *n* Ázia, rai-Ázia
Asian *adj, n* aziátiku, -a
ask *vti* husu
assist *vt* ajuda, tulun
assistance *n* ajuda, tulun
at *prep* iha; ~ **last,** afinál; ~ **present,** agora, oras ne'e; ~ **the bottom,** iha kraik; ~ **the moment,** oras ne'e, agora
attend *vt* tuir
attract *vt* dada, atrai
August *n* Agostu, fulan-Agostu
aunt *n* tian; (*term of address*) Tia
Australia *n* Austrália, rai-Austrália
Australian *adj, n* Austrália nian, australianu, -a. *n* (*a person*) Australia-oan
authority *n* autoridade
automatic *adj* automátiku, -a

Bb

baby *n* bebé, oan-kosok
bad *adj* aat; ~ **luck,** sorte-aat
Baikenu *n* lia-baikenu
bank 1 banku **2** (*river*) ibun
banyan *n* ai-hali

bastard! *interj* filludaputa!, fidadaputa!
bathe *vti* hariis
be *vi* sai; ~ **able to,** bele; ~ **about to come,** besik atu to'o ona; ~ **about to set,** besik atu tun ona; ~ **accustomed to,** toman; ~ **acquainted with,** koñese; ~ **alive,** moris; ~ **born,** moris mai; ~ **called,** naran; ~ **careful!** kuidadu! ~ **in the process of,** hela, daudaun; ~ **just possible,** bele de'it; ~ **late,** atrazadu; ~ **on,** (*about a light or fire, etc.*) lakan
bear *n* ursu
beard *n* hasarahun
beautiful *adj* furak, bonita, kapás
beauty *n* furak, buat-furak
because *conj* tanba; ~ **of** *prep* tan, tanba
become *vi* sai
bee *n* bani
before *conj, prep* antes, molok (atu)
begin *vti* hahú, komesa
behind *n* kotuk
Belgian *adj, n* béljiku, -a. *n* (*a person*) 'Béljika-oan
Belgium *n* Béljika, rai-Béljika
belief *n* fiar
believe (that) *vti* fiar (katak)
bell *n* sinu
beneath *adv* iha okos
besides *prep* alende
best *adj* di'ak liuhotu
better *adj* di'ak liu
between *prep* entre; leet
bicycle *n* bisikleta
bird *n* manu
bite *vt* tata
black *adj* metan
blame *vt* fó-sala
blaze *n* ahi-moris
blood *n* raan
blue *adj* biru, azúl
board (*a vehicle*) *vt* sa'e
bone *n* ruin
book *n* livru
both *adv, pron* sira rua; ~ **of them,** (*people*) sira na'in-rua; ~ **of you,** imi na'in-rua
bowl *n* manko
boy *n* labarik-mane; (*address*) Anó
boyfriend *n* doben
bravo! *interj* bravu!
Brazil *n* Brazíl, rai-Brazíl
Brazilian *adj, n* brazileiru, -a. *n* (*a person*) Brazíl-oan
breakfast *n* matabixu, han-dadeer; **to have** ~, han-meiudia, matabixu
briefcase *n* pasta
bright *adj* naroman

bring *vt* lori
broken *adj* aat
brother *n* maun; **~s and sisters,** maun-alin
brown *adj* kór-kafé
busy *adj* rame
but *conj* maibé, mais
buy *vt* sosa, hola

Cc

calf (of leg) *n* ain-kabun
call *vt* bolu, telefona
can *aux* bele
Canada *n* Kanadá, rai-Kanadá
Canadian *adj, n* kanadianu, -a. *n* (*a person*) Kanadá-oan
cannot *aux* la bele
carefully *adv* didi'ak, ho kuidadu
carelessly *adv* naranaran
carry *vt* lori, hodi
cassava *n* ai-farina
cast *vt* soe
celebrate *vt* tuir
center *n* sentru
certainly *adv* tebes, tebetebes
certainly! *interj* ho serteza! konserteza!
chaotically *adv* naranaran
chapel *n* kapela
cheap *adj* baratu
chicken *n* manu
child *n* labarik
Chile *n* Xile, rai-Xile
Chilean *adj, n* xilenu, -a. *n* (*a person*) Xile-oan
church *n* igreja; (*building*) uma-kreda
circus *n* sirku
citation *n* quotation, citation
cite *vt* quote, cite
citizen *n* mahorik
city *n* sidade
civilisation *n* sivilizasaun
class *n* klase
clever *adj* ulun-mamar
cold *adj* malirin
collect *vt* hamutuk; ~ **money,** kobra osan
Colombia *n* Kolómbia, rai-Kolómbia
Colombian *adj, n* kolombianu, -a. *n* (*a person*) Kolómbia-oan
color *n* kór
come *vi* mai; ~ **back,** mai fali; ~ **true,** sai realidade
comma *n* vírgula
commence *vti* hahú, komesa
communicate *vti* komunika
communication *n* komunikasaun
competitor *n* kompetidór, -ora

complete *adj* kompletu, -a. *vt* hakonu, kompleta
completely *adv* kompletamente
computer *n* komputadór
concerning *prep* haktuir
conclude *vt* ramata
condition *n* kondisaun
confused *adj* bilán, neon-barani, konfuzu
consider *vt* hanoin
consume *vt* han
cook *vt* te'in
cooked *adj* tasak
copyright *n* kopirraite
country *n* rain, país
court *n* tribunál
crazy *adj* bulak
crippled *adj* ain-aat
crowded *adj* rame
crucial *adj* krusiál
cultural *adj* kulturál
culture *n* kultura
curiosity *n* kuriozidade
curious *adj* kuriozu, oin-lais
cut *vt* tesi; ~ **off,** hakotu

Dd
dad *n* apá
daddy *n* apá
daily *adj, adv* loroloron
damn! *interj* porra!
Danish *adj, n* dinamarkés, -eza. *n* (*language*) lia-dinamarkés; (*a person*) Dinamarka-oan
dark *adj* nakukun
date *n* dia; ~ **of birth,** loron-moris
daughter *n* ona-feto
Dawan *n* dawan, lia-dawan
day *n* loron
daytime *n* rai-loro
dead *adj* mate
deaf *adj* diuk
deafen *vt* hadiuk
death *n* mate
debt *n* tusan
decade *n* dékada, deséniu
deceive *vt* habosok, lohi
December *n* Dezembru, fulan-Dezembru
decide *vt* hakotu lia, deside
decision *n* desizaun
delegation *n* delegasaun
delicious *adj* furak, midar
deliver *vt* saran, entrega, hato'o
demand *vi* sisi, rekere
demanding *adj* sisidór
democracy *n* demokrasia
democrat *n* demokrata

democratic *adj* demokrátiku, -a
demon *n* demóniu
denial *n* negasaun, heli-lia
Denmark *n* Dinamarka, rai-Dinamarka
deny *vt* nega, heli lia
department *n* departamentu
departemental *adj* departamentál
depend (on) *vi* depende (hosi)
deport *vt* deporta
deportation *n* deportasaun
depression *n* depresaun
describe *vt* deskreve
description *n* deskrisaun
desire *n* karan, vontade
desk *n* meza-hakerek
despair *n* dezesperu
despite *prep* apezarde
destroy *vt* sobu, halakon, destrui
destruction *n* destruisaun
detest *vt* hakribi
develop *vti* dezenvolve
development *n* dezenvolvimentu
devil *n* diabu
dialect *n* dialetu
dialogue *n* diálogu
diamond *n* diamente
dictate *vt* dita
dictation *n* ditadu
dictator *n* ditadór, -ora
dictionary *n* disionáriu
die *vi* mate
different *adj* seluk, oin-ketak
difficult *adj* susar, difisil, toos
difficulty *n* susar, difikuldade
dig *vt* ke'e, su'u
diligence *n* badinas
diligent *adj* badinas
dim *adj* nakukun, metak
dimension *n* dimensaun
dine *vi* han-kalan
dinner *n* jantár, han-kalan; **to have ~,** han-kalan
diocese *n* dioseze
diploma *n* diploma
diplomat *n* diplomata
diplomatic *adj* diplomátiku, -a
direct *adj* diretu, -a
direction *n* diresaun
director *n* diretór, -ora
dirty *adj* fo'er, medak
diagree *vi* la konkorda
diagreement *n* dezakordu
disappear *vi* lakon, muli
disappearance *n* lalakon
disappoint *vt* dezaponta
disappointment *n* dezapontamentu

disaster *n* dezastre
disciple *n* eskolante
discipline *n* dixiplina
discover *vt* hetan, deskobre
discrimination *n* diskriminasaun
discuss *vt* diskute. *vi* diskute malu, haksesuk malu
discussion *n* diskusaun
dishonest *adj* laran-fo'er, dezonestu, -a
dishonesty *n* laran-fo'er, dezonestidade
dislike *vt* la gosta, hakribi
disobey *vt* lakohi halo tuir
distribute *vt* distribui, fahe
distribution *n* distribuisaun, fafahek
disturb *vt* book, xateia
disturbance *n* xatise
divide *vt* fahe
divorce *vt* soe malu, divorsia. *n* soe-malu, divórsiu
do *vt* halo. *aux* ka lae; ~ **not** *adv* lalika, keta, labele
dollar *n* dolar
don't *adv* lalika, keta; ~ **forget,** keta haluha; ~ **mention it!** lalika temi! nada!
drag *vt* dada
dress *vi* hatais
drink *vt* hemu; ~ **a toast,** hasa'e kopu
drunkard *n* hemu-teen
dry *adj* maran
duck *n* manu-rade, rade
during *prep* durante; ~ **the holidays,** iha feriadu nia laran
Dutch *adj, n* olandés, -eza. *n (language)* lia-olandés; *(a person)* balanda, Olanda-oan

Ee
each *adj, pron* ida-idak
early *adv* saan, sedu; lailais
east *adj, n* lorosa'e; (**E**)~ **Timor,** Timór Lorosa'e; (**E**)~ **Timorese,** Timór-Leste nian; *(a person)* Timoroan, timór
Easter *n* Páskua
easy *adj* fasil, lasusar
eat *vt* han
education *n* edukasaun
eel *n* tuna
egg *n* tolun
ei! *interj* oi!
eight *num* ualu
eighty *num* ualunulu
eighty-seven *num* ualunulu-resin-hitu
electricity *n* eletrisidade
electronic *adj* eletróniku; ~ **mail,** surat eletróniku
empty *adj* mamuk
England *n* Inglaterra, rai-Inglaterra
English *adj, n* inglés, -eza. *n (language)* lia-inglés; *(a person)* Inglaterra-oan
enjoy *vt* goza
enough *adj* feta, to'o
entire *adj* tomak, hotu-hotu
era *n* otas, era
error *n* sala, lia-sala
Esperanto *n* lia-esperantu, esperantu
euro *n* euro
Europe *n* Europa, rai-Europa
European *adj, n* europeu, -eia
even *adv* biar, mezmu; ~ **though,** mézmuke
evening *n* kalan
every *adj, pron* ida-idak, kada; ~ **night,** kalakalan
everyday *adj* loroloron
exact *adj* loos, ezatu, -a
exactly *adv* ezatamente
except *prep* menus
excuse me! *interj* deskulpa! konlisensa!
expect *vt* espera; hein
expel *vt* soe
expensive *adj* karun, folin-aas
extremely *adv* tebetebes, lahalimar

Ff
family *n* família; ~ **name,** apelidu
far *adj, adv* dook
farewell *interj, adj* adeus
fast *adj, adv* lailais
fat *adj* bokur
favorite *adj* favóritu, -a
February *n* Fevereiru, fulan-Fevereiru
female *adj* feto, inak; ~ **pupil,** aluna
fertilizer *n* adubu
fetch *vt* hola
fifteen *num* sanulu-resin-lima
film *n* filme; ~-**maker,** sineasta
finally *adv* afinál
fine *adj* di'ak
finger *n* liman-fuan
fingernail *n* liman-kukun
finish *vt* ramata
fire *n* ahí
firewood *n* ai-maran
first (of all) *adj, adv* ulukliu, uluknana'in
fist *n* liman-humur
five *n* lima
flame *n* ahi-lakan
Flemish *n* lia-flamengu
flirtatious *adj* garridu, -a
floppy; ~ **disk** *n* diskete
flour *n* trigu
flower *n* ai-funan
follow *vt* tuir; halo tuir
following *prep* liu

food *n* hahán
foot *n* ain
footprint *n* ain-fatin
for *prep* ba; ~ **a while,** uitoan, orasida; ~ **the sake of** tan; ~ **you,** ba ó
fork *n* garfu
forbid *vt* bandu
foreign *adj* raiseluk, malae; ~ **language,** lian raiseluk
foreigner *n* ema-li'ur, malae
forget *vt* haluha; ~ **each other,** halu malu
fortune *n* sorte
forty *num* haatnulu
four *num* haat
France *n* Fransa, rai-Fransa
French *adj, n* fransés, -eza. *n* (*language*) lia-fransés; (*a person*) Fransa-oan
fresh *adj* foun, fresku
Friday *n* sesta, loron-sesta
frighten *vt* hata'uk
from *prep* hori, hosi; ~ **outside,** hosi li'ur
fruit *n* ai-fuan
full *adj* nakonu, konu; ~ **stop** *n* pontu
function *vi* funsiona, la'o
funny *adj* komik, halo-hamnasa
further *adv* liután

Gg

garage *n* garajen
general *adj* jerál
German *adj, n* alemaun, -a. *n* (*language*) lia-alemaun; (*a person*) Alemaña-oan
Germany *n* Alemaña, rai-Alemaña
get *vt* simu, hetan, hola; ~ **used to,** toman
girl *n* labarik-feto, feto-oan
girlfriend *n* doben
give *vt* fó; ~ **birth,** tuur-ahi; ~ **one's regards to,** hato'o kumprimentus; ~ **trouble to,** fó susar ba
glad *adj* haksolok, laran-haksolok
glass *n* kopu; (*material*) vidru
go *vi* bá; ~ **back,** bá fali; ~ **out,** sai
gold *n* osamean
good *adj* di'ak; kapás; ~ **bye!** Adeus! ~ **evening!** bonoite! kalan di'ak! ~ **morning!** bondia! dadeer di'ak! ~ **night!** bonoite! kalan di'ak!
good-looking *adj* bonitu
goodness *n* di'ak
govern *vt* ukun
governor *n* governadór, -ora
government *n* governu, ukun
grammar *n* gramátika
grandfather *n* abó-mane
grandmother *n* abó-feto
grandparents *n* abó sira
grass *n* du'ut
Greece *n* Grésia, rai-Grésia
Greek *adj, n* gregu, -a. *n* (*language*) lia-gregu; (*a person*) Grésia-oan
green *adj* matak, lumut, verde
grey *adj* kulabu, abuabu
group *vt* halubun, agrupa. *n* lubun, grupu
gun *n* kilat

Hh

handsome *adj* bonitu
happily *adv* ho ksolok
happiness *n* ksolok
happy *adj* haksolok
hard *adj* maka'as
hard-working *adj* serbisudór
hat *n* xapeu
have *vt* soi, iha; ~ **already,** tiha ona; ~ **breakfast,** matabixu ~ **to,** tenke
head *n* ulun
headquarters *n* kuartél-jenerál
hear *vt* rona
heavy *adj* todan
heel *n* ain-tuban
height *n* aas
hello! *interj* olá!
help *vt, n* ajuda, tulun
he *pron* nia (*mane*)
her *poss adj* ninia
here *adv* iha-ne'e
hers *poss pron* ninian
hey! *interj* ei!
hi! *interj* olá!
high *adj* aas
highway *n* estrada
his *poss adj* ninia; *poss pron* ninian
hither *adv* mai
hold *vt* kaer, tane; ~ **a passport,** kaer pasaporte
holiday *n* feriadu
holy *adj* lulik
honestly *adv* ho laran-moos
honey *n* bani-been
honeymoon *n* luademél
hope *vi* espera, hein. *n* esperansa
horse *n* kuda
hot *adj* manas; ~ **coal(s),** ahi-klaak
hotel *n* otél
hour *n* oras
house *n* uma
household *n* umakain
how *adv* halonu'usá, oinsá; ~ **many,** hira; ~ **much,** hira
however *conj* maibé

Ii

I *pron* ha'u
idea *n* ideia
if *conj* se; ~ **not**, selae
immediately *adv* kedas
important *adj* importante
in *prep* iha (laran); hodi; ~ **fact**, tuir (lo)loos; ~ **front of**, molok; ~ **order to**, atubele, hodi, para; ~ **reality**, iha realidade; ~ **spite of**, apezarde; ~ **the direction of**, halolok; ~ **the future**, aban bainrua
indeed *adv* duni; loos duni; tebetebes
indicate *vt* hatudu, indika
Indonesia *n* Indonézia, rai-Indonézia
Indonesian *adj, n* indonéziu, -a. *n* (*language*) lia-indonézia; (*a person*) Indonézia-oan
ink *n* tinta
inside *adv* iha laran
instead; ~ of *prep* envezde
intelligence *n* matenek
intelligent *adj* matenek
internet *n* internet
intimidate *vt* hata'uk
into *prep* ba; iha
Is that so? Nune'e ka?
it *pron* nia; ~ **doesn't matter**, la buat ida; ~ **has been a long time**, kleur ona; ~ **is forbidden to**, bandu, luli
it's a pity! *interj* epena!
it's true! *interj* loos duni!
Italian *adj, n* italianu, -a. *n* (*language*) lia-italianu; (*a person*) Itália-oan
Italy *n* Itália, rai-Itália
itchy *adj* katar
its *poss adj* ninia (*sasán, animal*); *poss pron* ninian (*sasán, animal*)

Jj

January *n* Janeiru, fulan-Janeiru
Japan *n* Japaun, rai-Japaun
Japanese *adj, n* japonés, -eza. *n* (*language*) lia-japonés; (*a person*) Japaun-oan
jaw *n* hasahún (= hasan-hun)
journalist *n* jornalista; **television ~**, jornalista televizaun nian
joy *n* ksolok
July *n* Jullu, fulan-Jullu
June *n* Juñu, fulan-Juñu
just *adv* de'it; ~ **alone**, mesak de'it; ~ **ask**, husu took; ~ **now**, foin, foin de'it; ~ **recently**, foin daudauk; ~ **the same**, hanesan de'it; ~ **wait!** hein de'it!
justice *n* justisa

Kk

keep *vt* kaer, mantein; ~ **in touch**, mantein kontaktu
kerosin *n* mina-rai
king *n* liurai
knee *n* ain-tuur
knife *n* tudik
know *vti* hatene; koñese

Ll

lamp *n* ahi-oan
land *n* rai, rain
language *n* lian, dalen, língua
last *adj* ikus, kotuk; ~ **Monday**, segunda kotuk; ~ **month**, fulan kotuk; ~ **night**, horikalan; ~ **week**, semana kotuk
late *adj* tarde
later *adv* orasida
lawyer *n* advogadu, -a
laziness *n* baruk-teen
lazy *adj* baruk
lazybones *n* baruk-teen
leg *n* ain
length *n* naruk
less *adv* kuran, menus
let *vt* husik; ~ **us**, mai ita
letter *n* surat
life *n* moris
light[1] *n* ahi-oan
light[2] *adj* kamaan, kmaan
like[1] *adj, prep* hanesan; ~ **this**, hanesan ne'e
like[2] *vti* hakarak
lime *n* ahu
linguist *n* lia-na'in, linguista
listen *vt* rona
live *vi* hela, horik; moris; ~ **in**, hela/horik iha
lonely *adj* mesak
long *adj* (*size*) naruk; (*time*) kleur; ~ **annual holidays**, feriadu boot
look *vi* parese; ~ **at**, haree
love *vt* hadomi. *n* domin
lovely *adj* furak
lover *n* doben
luck *n* sorte
lucky you/me! *interj* sorte!
lunch *n* han-meiudia, almosu; **to have ~**, han-meiudia

Mm

mad *adj* bulak
make *vt* halo; ~ **famous**, halo naran-boot
male *adj* mane, aman; ~ **pupil**, alunu
mamma *n* amá
mango *n* haas

many *adj* barak, wa'in; **too ~,** demais, barak demais; **very ~,** barabarak, wa'iwa'in
March *n* Marsu, fulan-Marsu
market *n* basar, merkadu
Mars *n* Marte
master *n* mestre
matches *n* ahi-kose
mattress *n* kulxaun
may *aux* bele; **~ not,** la bele
May *n* Maiu, fulan-Maiu
maybe *adv* kala; karik
me *pron* ha'u
medicine *n* ai-moruk
meet *vt* hasoru; **~ with,** hasoru ho
meeting *n* enkontru
mend *vt* hadi'a
menstruation *n* menstruasaun
mentality *n* mentalidade
mention *vt* temi
merchant *n* kontratu-na'in
Mexican *adj, n* mexikanu, -a. *n* (*a person*) Méxiku-oan
Mexico *n* Méxiku, rai-Méxiku
microphone *n* mikrofone
midnight *n* kalan-boot
million *num* millaun
mine *poss pron* ha'u-nian
minute *n* minutu
mistake *n* sala
Monday *n* segunda, loron-segunda
money *n* osan
month *n* fulan
moon *n* fulan
more *adj, adv* liu; liután
moreover *adv* ademais
morning *n* dadeer
mosque *n* meskita
motorcycle *n* motór
mountain *n* foho
movie *n* filme
much *adj, adv* barak, wa'in; **too ~,** demais, barak demais; **very ~,** barabarak, wa'iwa'in; tebetebes
must *aux* tenke
my *poss adj* ha'u-nia; **~ God!** *interj* Maromak!

Nn

name *n* naran
national *adj* nasionál; **~ level,** nivel nasionál
nationality *n* nasionalidade
natural *adj* naturál
naturally *adv* naturalmente
near *adj, adv* besik
neck *n* kakorok
necklace *n* henu
neighbor *n* viziñu
neither *conj* nein
nephew *n* sobriñu
Netherlands *n* Olanda, rai-Olanda
never *adv* nunka
nevertheless *adv, conj* biar nune'e
new *adj* foun
newly *adv* foufoun
next *adj* tuirmai
nice *adj* furak, kmanek, di'ak, kapás, bonita; **very ~ indeed,** kapás duni
nicely *adv* kapás
niece *n* sobriña
night *n* kalan
nightly *adv* kalakalan
nine *num* sia; **~ hundred,** atus sia
ninety *num* sianulu
no *adv* lae; **~ problem,** la iha problema
noise *n* tarutu
noisy *adj* tarutu
nor *conj* nein
normal *adj* baibain, normál
normaly *adv* baibain, normalmente
north *adj, n* norte; **~-east,** norueste; **~-west,** nordueste
Norway *n* Noruega, rai-Noruega
Norwegian *adj, n* noruegés, -eza. *n* (*language*) lia-noruegés; (*a person*) Noruega-oan
not *adv* la; la'ós; **~ long ago,** foin, foin de'it; **~ so,** ladún; **~ soon,** kleur; **~ to,** labele; **~ to want,** lakohi; **~ too bad,** ladún aat; **~ too good,** ladún di'ak; **~ very,** ladún; **~ yet,** ladauk, seidauk
novel *n* romanse
November *n* Novembru, fulan-Novembru
now *adv* agora, oras ne'e

Oo

October *n* Outubru, fulan-Outubru
of *prep* nia, nian; **~ course,** ho serteza
office *n* serbisu-fatin
often *adv* beibeik, oraoras
old *adj* katuas (*for men*), ferik (*for women*), tuan (*for things*); **~ house,** uma tuan; **~ man,** katuas; **~ woman,** ferik
older *adj* tinan-boot liu (*people in general*); katuas liu (*for men*), ferik liu (*for women*), tuan liu (*for things*); **~ brother,** maun; **~ sister,** biin, Mana (*term of address*)
on *prep* iha (leten); **~ top,** iha leten/tutun
once *adv* dala ida; **all at ~,** tekitekir; **~ more,** dala ida tan
one *num* ida; **~ thousand,** rihun ida
oneself *pron* an
only *adv* de'it

or *conj* ka
orange *n* saburaka. *adj* laranja
organ *n* órgaun
other *adj, pron* seluk
otherwise *conj* selae
ought to *aux* tenke
our *poss adj* ami-nia (*excl*); ita-nia (*incl*)
ours *poss pron* ami-nian (*excl*); ita-nian (*excl*)
out *adj* (*of a light or fire, etc.*) mate
outside *adv* iha li'ur
owing to *adv* tanba

Pp
paddy; ~ **field** *n* natar
palm (of hand) *n* liman-tanen
parenthesis *n* parénteze
parrot *n* loriku
part *n* parte
partner *n* kolega, parseiru
pass *vti* liu
past *prep* liu; **the ~,** tempu uluk; **in the ~,** horiuluk, iha tempu uluk
pay *vti* selu; ~ **attention,** tau matan; ~ **one's respects to,** hato'o kumprimentus
peaceful *adj* hakmatek
peacefully *adv* hakmatek, ho dame
people *n* ema; povu
percent *n* porsentu
perhaps *adv* kala, karik
period *n* **1** períodu **2** pontu
persistently *adv* didiuk
person *n* ema
pillow *n* xumasu
pineapple *n* ananás
place *vt* rai, tau. *n* fatin
plan *vt* planifika. *n* planu
plant *n* ai-kuda. *vt* kuda
plate *n* bikan
please *adv* favór ida, halo favór, porfavór, lai; ~ **let,** husik lai
poison *n* venenu
poor *adj* kiak
Portugal *n* Portugál, rai-Portugál
Portuguese *adj, n* portugés, -eza. *n* (*language*) lia-portugés; (*a person*) Portugál-oan
possess *vt* soi, iha
postcard *n* postal
postpone *vt* adia
power *n* kbiit, beran, podér; ~ **point,** elétriku-fatin
prepare *vt* prepara
president *n* prezidente
pretty *adj* furak, bonita
priest *n* amlulik, amu-lulik

problem *n* problema
prohibit *vt* bandu
prohibition *n* bandu
promise *vti* promete. *n* promesa
pronounce *vt* dehan sai
proud *adj* laran-haksolok
pull *vt* dada
purchase *vt* sosa
purple *adj* kór-violeta
put *vti* rai, tau; ~ **back,** tau fali; ~ **into,** hatama; ~ **off,** adia

Qq
quality *n* kualidade
quantity *n* kuantidade
quick *adj* lais
quiet *adj* hakmatek, nonook
quietly *adv* hakmatek
quite *adj* hela
quotation *n* sitasaun
quote *vt* sita

Rr
rain *n* rain. *vi* to rain
rapidly *adv* lailais
read *vt* lee, sani
reader *n* sani-na'in
real *adj* loos
really *adv* duni; loos, tebes, tebetebes, lahalimar; **~?** nune'e ka? tebes ka?
receive *vt* simu
recent *adj* resente
recently *adv* foufoun, resentemente
recognize *vt* koñese
red *adj* mean
relation *n* relasaun
relativamente *adv* relativamente
relative *adj* relativu, -a
repair *vt* hadi'a
respond *vt* hatán, responde
response *n* resposta
rest *vi, n* deskansa
restlessly *adv* lahakmatek
return *vi* bá fali
rice *n* (*plant*) hare; (*husked*) foos; (*cooked*) etu; ~ **field,** natar
rich *adj* riku
right *adj* loos; (side) kuana; ~ **next to,** rabat
ripen *vi, adj* tasak
rival *n* rivál
road *n* estrada
highway *n* estrada
robber *n* na'ok-teen
room *n* kuartu
root *n* abut

rough *adj* krukut
rule *n* regra. *vt* ukun
run *vi* halai; **~ fast,** halai lailais
Russia *n* Rúsia, rai-Rúsia
Russian *adj, n* rusu, -a. *n* (*language*) lia-rusu; (*a person*) Rúsia-oan

Ss

sacred *adj* lulik; **~ objek,** lulik
sad *adj* laran-kraik
sandalwood *n* ai-kameli
Saturday *n* sábadu, loron-sábadu
save *vt* soi, salva; **~ money,** poupa
say *vt* hateten, dehan
school *n* eskola
scorpion *n* sakunar
sea *n* tasi
see *vti* haree; **~ each other,** hetan malu; **~ you later,** até logu, to'o orasida; **~ you tomorrow,** até amañá, to'o aban
seem *vi* parece
sell *vt* sosa, hola
seller *n* makfa'an, fa'an-na'in
send *vt* haruka
September *n* Setembru, fulan-Setembru
serbisu-fatin *n* workplace; office
seven *num* hitu; **~ o'clock,** tuku hitu
several *adj, pron* hirak, balu, balun
shall *aux* sei
shamelessly *adv* lahó moe
share *vt* fahe. *n* sahik
sharp *adj* kro'at
sharpness *n* kro'at
she *pron* nia (*feto*)
she-cat *n* busa-inan
shin *n* ain-lulur
shirt *n* kamiza
shop *n* loja
short *adj* badak
show *vt* hatudu
side *n* sorin; **~ by ~ with,** rabat
sign *n* sinál
silent *adj* nonook
silver *n* osamutin
simple *adj* simples
since *prep* (*from*) hori. *conj* (*because*) tanba
sing *vti* hananu
sir *n, pron* señór
sit *vi* tuur
site *n* fatin, sítiu
situation *n* situasaun
skirt *n* saia
sleep *vi* toba
slowly *adv* neineik
smart *adj* ulun-mamar
smoke *n* suar, ahi-suar. *v* fuma

so *adv* loos, tebes; entaun; **~ that,** para
social *adj* sosiál
sofa *n* sofa
soldier *n* soldadu
solution *n* solusaun
some *adj, pron* balu(n); **~ other time,** dala seluk
someone *pron, n* ema ida
something *adv* buat ruma
sometimes *adv* dala ruma
somewhat *adv* uitoan
son *n* oan-mane
song *n* hananu
sorry! *interj* deskulpa!
sound *n* lian, son
south *adj, n* súl; **~-east,** sudeste; **~-west,** sudueste
space *n* fatin
Spain *n* España, rai-España
Spaniard *n* España-oan
Spanish *adj, n* español, -ola. *n* (*language*) lia-español; (*a person*) España-oan
spark *n* ahí-funan
speak *vti* ko'alia, dale; **~ the truth,** ko'alia loos; **~ with,** ko'alia ho
spell (out) *vti* soletra
spend *vt* gasta
spoon *n* kanuru
start *vti* hahú, komesa
stay hela
still *aux* sei ... hela
store *n* loja
straight *adj* loos; **~ for,** hatutuk; **~ to,** halolok; **~ toward(s),** hatutuk
street *n* lurón
strong *adj* maka'as
stubbornly *adv* didiuk
study *vti* estuda. *n* estudu
sudden *adj* tekir; **all of a ~,** tekitekir; **just all of a ~,** tekitekir de'it
suddenly *adv* tekitekir, derrepente
suffer *vi* terus, sofre
suffering *n* terus
sufficient *adj* feta, to'o
summit *n* leten
sun *n* loromatan
Sunday *n* domingu, loron-domingu
superiority *n* superioridade
supermarket *n* supermerkadu
supernatural *adj* sobrenaturál
supper *n* han-kalan
sure *adj, adv* ho serteza, tebes
surname *n* apelidu
surprise *vt* hafodak. *n* surpreza
Swiss *adj, n* sueku, -a. *n* (*language*) lia-sueku; (*a person*) Suésia-oan

Switzerland *n* Suésia, rai-Suésia
synagogue *n* sinagoga
system *n* sistema

Tt

table *n* meza
take *vt* **1** foti; lori; ~ **a bath,** hariis; ~ **a rest,** deskansa; ~ **root,** abut naruk **2** han
talk *vti* ko'alia, dale
talkative *adj* ko'aliadór
teacher *n* mestre; profesór (*m*), profesora (*f*)
technician *n* tékniku
tell *vt* hateten
ten *num* sanulu
terrorism *n* terrorizmu
terrorist *n* terrorista
Tetum *n* tetun, lia-tetun
than *conj* duké, liután
thank *vt* agradese, fó-agradese; **~s** *n* agradesimentu; ~ **you!** obrigadu! (*by a man*), obrigada! (*by a woman*)
that *pron rel* be, ne'ebé; *pron* ne'ebá, ida-ne'ebá; *pron rel* katak; mak, maka; ~ **one** ida-ne'e
the; ~ **day after tomorrow,** bainrua; ~ **same,** hanesan
their *poss adj* sira-nia
theirs *poss pron* sira-nian
then *adv* hafoin, depois; entaun
there *adv* iha-ne'ebá
therefore *adv* ne'e-duni, entaun
these *adj, pron* sira-ne'e
they *pron* sira
thick *adj* mahar
thief *n* na'ok-teen
think *vti* hanoin
thirty *num* tolunulu
this *adj, pron* ne'e, ida-ne'e; ~ **one,** ida-ne'e
thought *n* hanoin
three *num* tolu; ~ **of us,** ita na'in-tolu
through *prep* liuhosi, tuir
throw *vt* soe
Thursday *n* kinta, loron-kinta
tie *n* gravata
time *n* tempu
Timor Island *n* rai-Timór
Timorese *adj* timór, Timór nian. *n* (*a person*) Timoroan
to *prep* ba, iha; ~ **you,** ba ó. *konj* atu
today *adv* ohin (loron)
toe-nail *n* ain-kukun
together *adv* hamutuk
tomcat *n* busa-aman
tomorrow *n, adv* aban
tomato *n* tomate
too *adj, adv* resik, demais; mós; ~ **long (time),** kleur demais; ~ **many/much,** demais, barak demais, resikliu
top *n* leten
tourism *n* turizmu
tourist *n* turista; **domestic ~,** turista rai-laran; **foreign ~,** turista raiseluk
toward(s) *prep* hasoru
towel *n* toalla
tower *n* torre
town *n* sidade
trademark *n* marka-fábrika
train *vt* treina
trainer *n* treinadór, -ora
training *n* treinu
translate *vt* tradús
translation *n* tradusaun
translator *n* tradutór, -ora
travel *vi* la'o dook; ~ **agency,** ajénsia-viajen; ~ **expenses,** osan transporte nian
treat *vt* trata
treatment *n* tratamentu
tree *n* ai
tribunal *n* tribunál
tropical *adj* tropikál
trouble *n* lian, problema
trust *n* konfiansa. *vt* konfia
Tuesday *n* tersa, loron-tersa
tulip *n* tulipa
tumor *n* tumór
two *num* rua

Uu

ugh! *interj* hih!
ugly *adj* aat; oin-aat
uncle *n* tiun; (*term of address*) Tiu
under *prep* okos
unhappily *adv* ho susar
United States *n* Estadus Unidus
universal *adj* universál
university *n* universidade
unripe *adj* matak
until *prep* to'o, até; ~ **today,** to'o ohin
urgency *n* urjénsia
urgent *adj* urjente
useful *adj* util
usefulness *n* utilidade
usual *adj* baibain
usually *adv* baibain
utility *n* utilidade

Vv

various *adj* oioin
vegetable *n* modo
versus *prep* kontra

very *adv* loos; tebes, tebetebes; ~ **happy,** kontente loos; ~ **old,** lakin; ~ **well,** didi'ak
via *prep* liuhosi, via
village *n* knua, kanua
virgin *n* feto-raan, virjen
visit *vt* vizita. *n* vizita
visitor *n* vizitante
vital *adj* vitál
voice *n* lian

Ww

wait *vi* hein; ~ **a moment!** hein uitoan!; ~ **until,** hein to'o
want *vt* hakarak
warn *vt* fó-hatene nanis
warning *n* avizu
wasteful *adj* gastadór
watch *vt* haree. *n* relójiu
water *n* bee
we *pron* ita; ami
weapon *n* kilat
wear *vt* hatais
Wednesday *n* kuarta, loron-kuarta
week *n* semana
weekly *adj* semana nian
welcome(!) *adj, interj* benvindu(!)
well *adv* didi'ak; relójiu ~ **done!** *interj* bravu!
west *adj, n* loromonu
wet *adj* bokon
what *pron* saida
wheat *n* trigu
when *adj* kuandu, wainhira, bainhira
where *adj* iha-ne'ebé
whether *conj* se
which *pron rel* be, ne'ebé; mak, maka; ida-ne'ebé?; sira-ne'ebé? (*pl*)
while *conj* enkuantu; momentu
white *adj* mutin
who *rel pron* mak, maka; *interr* sé; **the one ~,** mak, maka
whole *adj* tomak
wholeheartedly *adv* ho laran tomak
whose *rel pron, adj* sé-nia; sé-nian
why *adv* tanbasá, tansá
will *aux* sei. *n* hakarak, karan, voltade

win *vti* manán
wind *n* anin
window *n* janela
wise *adj* matenek
wish *vi* hakarak. *n* hakarak, karan, voltade
with *conj* ho
within *adv* laran; (*a space of time*) lato'o
without *prem* lahó, laiha, lahodi
woman *n* feto
won't *aux* sei la
word *n* liafuan; **in other ~s,** hodi liafuan seluk
work *vi* serbisu. *n* serbisu
workplace *n* serbisu-fatin
would *aux* sei
wrist *n* liman-fukun
wrong *adj* sala
wrongly *adv* sala

Yy

year *n* tinan
yellow *adj* kunir, amarelu
yes *adv* sin
yesterday *adv* horisehik
yet *conj* maibé
you *pron* (*honorific form*) Ita-Boot; (*sg, for a somebody you know well*) ó; ~ **are welcome!** nada!
young *adj* klosan, joven; nurak
younger *adj* klosan/joven liu; nurak liu; ~ **brother,** alin-mane; ~ **sister,** alin-feto
your *poss adj* (*honorific form*) Ita-Boot nia; (*inf, sg*) ó-nia
yours *poss pron* (*honorific form*) Ita-Boot nian; (*inf, sg*) ó-nian
youthful *adj* nurak

Zz

zebra *n* zebra
zero *n* zeru
zodiac *n* zodíaku
zone *n* zona
zoo *n* zou

Tetum-English

Aa

aas *adj* high. *n* height
aat *adj* broken; bad; ugly
aban *adv* tomorrow; ~ **bainrua,** in the future
abó-feto *n* grandmother
abó-mane *n* grandfather
abó sira *n* grandparents
Abríl, fulan-Abríl *n* April
absolutu, -a *adj* absolute
abuabu *adj* grey
abut *n* root; ~ **naruk** *vi* to take root
abuzu *n* abuse
adapta *vt* adapt
adaptasaun *n* adaptation
ademais *adv* moreover
adeus *interj* good bye; farewell
adia *vt* to postpone, to put off
administrasaun *n* administration
adubu *n* fertilizer
adultu *n* adult
Adventu *n* Advent
advogadu, -a *n* lawyer
aeroportu *n* airport
afinál *adv* finally, at last
Áfrika, rai-Áfrika *n* Africa
afrikanu, -a *adj, n* African
agora *adv* now; at present
Agostu, fulan-Agostu *n* August
agradese *vt* to thank
agradesimentu *n* thanks
agráriu, -a *adj* agrarian
agrikultura *n* agriculture
agrupa *vt* to group
ahi *n* fire; ~**-funan,** spark; ~**-klaak,** hot coal(s); ~**-kose,** matches; ~**-lakan,** flame; ~**-moris,** balaze; ~**-oan,** lamp, light; ~**-suar,** smoke
ahu *n* lime
ai *n* tree; ~**-farina,** cassava; ~**-fuan,** fruit; ~**-funan,** flower; ~ **hali,** banyan; ~**-kameli,** sandalwood; ~**-kuda,** plant; ~**-maran,** firewood; ~**-moruk,** medicine
ain *n* foot; leg; ~**-aat** *adj* crippled, ~**-fatin,** footprint; ~**-fukun,** ankle; ~**-kabun,** calf (of leg); ~**-kukun,** toe-nail; ~**-lulur,** shin; ~**-tuban,** heel; ~**-tuur,** knee
ajénsia *n* agency; ~**-viajen,** travel agency
ajénte *n* agen
ajuda *vi* to help, to assist, to aid. *n* help, assistance
Alemaña-oan *n* German (*a person*)
alemaun, -a *adj, n* German
alende *prep* besides, apart from
alin *n* younger brother/sister (*also used as a term of address*)
aluna *n* female pupil
alunu *n* pupil, student
amá *n* mom, mamma
amarelu *adj* yellow
amerikanu, -a *adj, n* American
Amérika-oan *n* American (*a person*)
ami *pron* we (*excl*)
ami-nia *poss adj* our (*excl*)
ami-nian *poss pron* ours (*excl*)
amlulik, amu-lulik *n* priest
an *n* oneself
ananás *n* pineapple
anedota *n* anecdote
anin *n* wind
anju *n* angel
Anó *n* polite term of address for younger men and teenage boys
antes *prep, conj* before
apá *n* dad, daddy
apelidu *n* surname, family name
apezarde *prep* in spite of, despite
Arjentina-oan *n* Argentinian (*a person*)
arjentinu, -a *adj, n* Argentinian
até *prep* until; ~ **amañá,** see you tomorrow; ~ **logu** see you later
atór *n* actor
atrai *vt* to attract
atrazadu *adj* late
atrís *n* actress
atu *conj* to, in order to, for (the purpose of)
atubele *conj* in order to
atus *num* hundred; ~ **sia,** nine hundred
Austrália *n* Australia; ~ **nian** *adj* Australian; of Australia
australianu, -a *adj, n* Australian
automátiku, -a *adj* automatic
autoridade *n* authority
avizu *n* warning
azár *n* accident
Ázia, rai-Ázia *n* Asia
aziátiku, -a *adj* Asian
azúl *adj* biru

Bb

bá *vi* to go; ~ **fali** *vi* to return, to go back
ba *prep* to; for; into; as; ~ **ó,** to/for you
badak *adj* short
badinas *adj* diligent, hard-working. *n* diligence

baibain *adj* usual, normal. *adv* usually, normaly
bainhira *adv, conj* when
bainrua *adv* the day after tomorrow
balanda *adj* Dutch (*a person*); Dutch
balu *adj, pron* some; several
bandu *vt* to forbid, prohibit. *n* prohibition; *adv* it is forbidden to
bani *n* bee; **~-been,** honey
banku *n* bank
barabarak *adj, adv* very many/much
barak *adj* many, much, a lot; **~ demais,** too many, too much
baratu *adj* cheap
baruk *adj* lazy; **~-teen** *n* lazybones; laziness
basar *n* market
be *pron* that, which
bebé *n* baby
bee *n* water
beibeik *adv* always; often
bele *vi* can, to be able to; may. *adj* possible; **~ de'it,** be just possible
Béljika-oan *n* Belgian (*a person*)
béljiku, -a *adj, n* Belgian
benvindu(!) *adj, interj* welcome(!)
besik *adv, adj* near; **~ atu,** almost; **~ atu to'o ona,** to be about to come; **~ atu tun ona,** to be about to set
biar *conj, adv* although, even; **~ nune'e** nevertheless
biin *n* older sister
bikan *n* plate
bilán *adj* confused
biru *adj* biru
bisikleta *n* bicycle
bokon *adj* wet
bokur *adj* fat
bolu *vt* to call, to telephone
bondia! *interj* good morning!
bonita *adj* pretty, nice, lovely
bonitu *adj* handsome, good-looking
bonoite! *interj* good evening/night!
book *vt* to disturb
botarde! *interj* good afternoon!
bravu! *interj* bravo! well done!
brazileiru, -a *adj, n* Brazilian
Brazíl-oan *n* Brazilian (*a person*)
buat *n* thing; **~ ruma** *n* something; **~ sira-ne'e** these things
buka *vt* to look for, to search for, to seek
bulak *adj* crazy, mad
busa *n* cat; **~-aman,** tomcat; **~-inan,** she-cat

Dd
dada *v* to pull, to drag, to attract
dadeer *n* morning. *adv* in the morning
dala *n* time; **~ ida tan,** once more; **~ ruma,** sometimes; **~ seluk,** some other time
dale *vi* to talk, to speak
dalen *n* language
dawan, lia-dawan *n* Dawan (language)
de'it *adv* only, just
dehan *vt* to say, to tell; **~ sai,** to pronounce
dékada *n* decade
delegasaun *n* delegation
demais *adv, adj* too, too many/much
demokrasia *n* democracy
demokrata *n* democrat
demokrátiku, -a *adj* democratic
demóniu *n* demon
departamentál *adj* departmental
departamentu *n* department
depende (hosi) *vi* to depend (on)
depois *adv* after, afterwards
deporta *vt* to deport
deportasaun *n* deportation
depresaun *n* depression
deséniu *n* decade
deside *vt* to decide
desizaun *n* decision
deskansa *vi* to rest, to take a rest
deskobre *vt* discover
deskreve *vt* describe
deskrisaun *n* description
deskulpa! *interj* sorry! excuse me!
destrui *vt* destroy
destruisaun *n* destruction
dezakordu *n* disagreement
dezaponta *vt* to disappoint
dezapontamentu *n* disappointment
dezastre *n* disaster; accident
Dezembru, fulan-Dezembru *n* December
dezenvolve *vti* develop
dezenvolvimentu *n* development
dezesperu *n* despair
dezonestidade *n* dishonesty
dezonestu, -a *adj* dishonest
diabu *n* devil
dia *n* date
di'ak *adj* good, nice; fine; well. *n* goodness; **~ ka lae?** how are you?; **~ liu,** better; **~ liuhotu,** (the) best
dialetu *n* dialect
diálogu *n* dialogue
diamente *n* diamond
didi'ak *adv* carefully, very well
didiuk *adv* stubbornly, persistently
difikuldade *n* difficulty
dimensaun *n* dimension
Dinamarka-oan *n* Danish (*a person*)
dinamarkés, -eza *adj, n* Danish
dioseze *n* diocese

diploma *n* diploma
diplomata *n* diplomat
diplomátiku, -a *adj* diplomatic
disionáriu *n* dictionary
diskete *n* floppy disk
diskriminasaun *n* discrimination
diskusaun *n* discussion
diskute *vt* to discuss; ~ **malu** *vi* to discuss
distribui *vt* to distribute
distribuisaun *n* distribution
dita *vt* dictate
ditadór, -ora *n* dictator
ditadu *n* dictation
diuk *adj* deaf
divorsia *vt* to divorce
divórsiu *n* divorce
dixiplina *n* discipline
doben *n* lover, boyfriend, girlfriend
dolar *n* dollar
domin *n* love
domingu, loron-domingu *n* Sunday
dook *adj* far
duké *conj* than
duni *vt* to chase away, to drive away, to repel. *adj* indeed, really
durante *prep* during
du'ut *n* grass

Ee
edukasaun *n* education
ei! *interj* hey!
elétriku-fatin *n* power point
eletrisidade *n* electricity
ema *n* person, people; ~ **ida,** a person; someone, somebody; ~ **ida-ne'e,** this person, the person; ~ **sira-ne'e,** these people, the people; ~**-li'ur,** foreigner; ~ **tinan-boot,** adult (person)
embora *conj* although
enkontru *n* meeting; appointment
enkuantu *conj* while, as
entaun *adv* so, then, therefore
entre *prep* between, among(st)
entrega *vt* to deliver
envezde *prep* instead of
epena! *interj* it's a pity!
eskola *n* school
eskolante *n* disciple
España-oan *n* Spanish, Spaniard
español, -ola *adj, n* Spanish
espera *vti* to hope (for), to expect
Estadus Unidus *n* the United States
estrada *n* road, highway
estuda *vti* to study; ~ **hamutuk,** to study together
euro *n* euro
Europa, rai-Europa *n* Europe
europeu, -aia *adj, n* European
ezatamente *adv* exactly
ezatu, -a *adj* exact

Ff
fafahek *n* distribution
fahe *vt* to divide, to give out, to share, distribute
família *n* family
fasil *adj* easy
fatin *n* place; space; site
favór ida *conj* please
favórita *adj* favorite (for female)
favóritu *adj* favorite (for male)
feriadu *n* holiday; ~ **boot,** long annual holidays
ferik *adj* old (*for women*). *n* old woman; ~ **liu,** older
feta *adj* enough, sufficient
feto *n* woman; ~**-oan,** girl
Fevereiru, fulan-Fevereiru *n* February
fiar *vti* to believe. *n* belief
filludaputa!, fidadaputa! *interj* bastard!
filme *n* film, (USA) movie
fó *vt* to give; ~ **susar ba,** to give trouble to
fo'er *adj* dirty
fó-hatene nanis *vt* to tell, to inform; ~ **nanis** *vt* to warn
foho *n* mountain
foin *adv* just now, not long ago; ~ **daudauk,** just now, just recently; ~ **de'it,** just now
fó-sala *vt* blame
foti *vt* to take
foufoun *adv* newly, recently
foun *adj* new; fresh
Fransa-oan *n* French (*a person*)
Fransa, rai-Fransa *n* France
fransés, -eza *adj, n* France
fulan *n* **1** moon **2** month; ~ **ida** a/one month; ~ **kotuk,** last month; ~**-Dezembru,** December; ~**-Jullu,** July; ~**-Maiu** *n* May
fuma *vti* smoke
funsiona *vi* to function
furak *adj* pretty, lovely, nice, beautiful. *n* beauty

Gg
garajen *n* garage
garfu *n* fork
garridu, -a *adj* flirtatious
gasta *vt* to spend
gastadór *adj* wasteful
governadór, -ora *n* governor
governu *n* government

goza *vt* enjoy
gramátika *n* grammar
gravata *n* tie
gregu, -a *adj, n* Greek
Grésia-oan *n* Greek (*a person*)
grupu *n* group

Hh

haas *n* mango
haat *num* four
haatnulu *num* forty
habosok *vt* deceive
hadi'a *vt* to mend, repair
hadiuk *vt* to deafen
hadomi *vt* to love
hadulas *vt* around
hafodak *vt* surprise
hafoin *adv* then, next, after that
hahán *n* food
hakarak *vt* to want, to wish; to like; ~ **liu,** to prefer. *n* will, wish
hakat *n* step. *adv* across
hakmatek *adj* peaceful, quiet. *adv* peacefully, quietly
hakotu *vt* to cut off; ~ **lia,** to decide
hakribi *vt* to detest; to dislike
haksesuk *vt* to diskuss; ~ **malu** *vi* discuss
haksolok *adj* happy, glad
haktuir *prep* according to; concerning, about
halai *vi* to run; ~ **lailais,** to run fast
halakon *vt* destroy
hale'u *adv* around
halo *vt* to make, to do; ~ **favór,** please; ~ **naran-boot,** to make famous, to popularize; ~ **tuir,** to follow
halolok *adv* straight to, in the direction of
halonu'usá *adv* how
halubun *vt* to group
haluha *vt* to forget; ~ **an,** to forget oneself; ~ **malu,** to forget each other
hamutuk *adv, prep* together. *vt* to collect
han *vt* **1** to eat, to consume **2** to take (time); ~**-dadeer** *n* breakfast. *vi* to have breakfast; ~**-kalan** *n* dinner; supper. *vi* to have dinner, to dine; to have supper; ~**-meiudia** *n* lunch. *vi* to have lunch
hananu *vti* to sing; song
hanesan *vt, prep* the same; like, as; ~ **baibain,** as usual; ~ **de'it,** just the same; ~ **ne'e,** like this
hanoin *vti* to think, to consider. *n* idea, thought; opinion
haree *vti* to see; to watch, to look at
hariis *vti* to bathe, to take a bath
haruka *vt* to send
hasa'e *vt* to raise; ~ **kopu,** to drink a toast

hasahún, hasan-hun *n* jaw
hasarahun *n* beard
hasoru *vt* to meet. *prep* against; toward(s); ~ **ho** *vi* to meet with
hatais *vt* to wear. *vi* to dress
hatama *vt* to put into
hatán *vti* to answer, to respond, to reply. *n* answer, reply
hata'uk *vt* to frighten, to intimidate
hatene *vti* to know
hateten *vti* to say, to tell
hatoman *vt* to accustom, to make (a person) accustomed to
hato'o *vt* to deliver, to present, to submit; ~ **kumprimentus,** to give one's regards to, to pay one's respects to
hatudu *vt* to indicate; to show
hatutuk *vt* to head for, to head toward(s). *prep* straight toward(s), straight for
ha'a! *interj* ah!
ha'u *pron* I; me
ha'u-nia *poss adj* my
ha'u-nian *poss pron* mine
hein *vti* to wait; to hope; ~ **de'it,** just wait; ~ **to'o,** to wait until; ~ **uitoan!** wait a moment!
hela *vi* to live, to stay; to be in the process of. *adj* quite; ~ **iha,** to live in, to stay in
helade'it *adv* permanently
heli; ~ **lia** *vt* deny; ~**-lia,** denial
hemu *vt* to drink; ~**-teen** *n* drunkard, alcoholic
henu *n* necklace
hetan *vt* **1** to find; to discover **2** to obtain, to get; ~ **malu,** to see each other
heteten *vti* to say, to tell. *n* speech
hih! *interj* ugh!
hira *adv, pron* how many/much
hirak *adj* a few, several
hitu *num* seven
hitunulu *num* seventy
ho *prep, conj* with; ~ **dame** *adv* peacefully; ~ **ksolok** *adv* happily; ~ **laran tomak** *adv* wholeheartedly; ~ **laran-moos** *adv* honestly; ~ **serteza** *adv* certainly, of course, sure; ~ **susar** *adv* unhappily
hodi *conj, prep* by, in, with; in order to
hola *vt* to get, to fetch; to buy
hori *prep* since, from
horik *vi* to live; ~ **iha,** to live in
horikalan *adv* last night
horisehik *adv* yesterday
horiuluk *adv* in the past
hosi *prep* from; ~ **li'ur,** from outside
hotu *adj, pron* all

hotu-hotu *adj* all, whole, entire. *pron* everyone, everybody
husik *vt* **1** to leave, to abandon **2** to release **3** to allow, to permit; ~ **lai,** please let
husu *vti* to ask; ~ **took,** just ask

Ii
i *conj* and
ida *article, num* a, one
ida-idak *adj, pron* each, every (one)
ida-ne'e *adj, pron* this; this one
ida-ne'ebá *adj, pron* that, that one
ida-ne'ebé *pron* (*sg*) which
ideia *n* idea, thought
iha *vt* to have, to possess; there is, there are. *prep* in, into; to; at; on; ~ **feriadu nia laran,** on holidays; ~ **kraik,** at the bottom; ~ **laran,** inside; ~ **leten,** above, on top; ~ **li'ur,** outside; ~ **okos,** below, beneath, underneath; ~ **realidade,** in reality; ~ **tutun,** on top
iha-ne'e *adv* here
iha-ne'ebá *adv* there
iha-ne'ebé *adv* where
imi *pron* you (*pl*); ~ **na'in-rua** (the) both of you; ~ **hotu-hotu,** all of you
importante *adj* important
inaferik! *interj* wow!, good heavens!
Indonézia *n* Indonesia
Indonézia-oan *n* Indonesian (*a person*)
indonéziu, -a *adj, n* Indonesian
Inglaterra-oan *n* English (*a person*)
inglés, -eza *adj, n* English
internet *n* internet
ita *pron* we (*incl*); ~ **na'in-tolu,** the three of us
Ita-Boot *pron* you (*polite*)
italianu, -a *adj, n* Italian
Itália-oan *n* Italian (*a person*)
ita-nia *poss adj* our
Ita-nia *poss adj* your (*polite*)
ita-nian *poss pron* ours
Ita-nian *poss pron* yours (*polite*)

Jj
janela *n* window
Janeiru, fulan-Janeiru *n* January
Japaun-oan *n* Japanese (*a person*)
japonés, -eza *adj, n* Japanese
jerál *adj* general
jornalista *n* journalist; ~ **televizaun nian,** television journalist
joven *adj* young (*for people*); ~ **liu,** younger
Jullu, fulan-Jullu *n* July
Juñu, fulan-Juñu *n* June
justisa *n* justice

Kk
ka *conj* or; ~ **lae?** *conj* or not. *question mark* do...? does...?
kaer *vt* **1** to hold, to take, to grab **2** to catch; ~ **pasaporte,** to hold a passport
kakorok *n* neck
kala *adv* maybe, perhaps. *prep* approximately, about
kalakalan *adv* nightly; every night
kalan *n* night; evening; ~-**boot,** midnight
kamaan *adj* light
kamiza *n* shirt
Kanadá-oan *n* Canadian (*a person*)
kanadianu, -a *adj, n* Canadian
kanuru *n* spoon
kapás *adj* good, nice, beautiful; nicely; ~ **duni,** very nice indeed
kapela *n* chapel
karan *n* desire, wish
karik *adv* maybe, perhaps
karun *adj* expensive
katak *conj* that
katar *adj* itchy
katuas *adj* old (*for men*). *n* old man; ~ **liu,** older
kbiit *n* power, strength
kedas *adv* immediately
ke'e *vt* to dig
keta *adv* don't; ~ **haluha,** don't forget
keta ... karik *adv* perhaps, maybe
kiak *adj* por
kinta, loron-kinta *n* Thursday
kilat *n* gun, weapon
klase *n* class
kleur *adj* long (time). *adv* not soon; ~ **demais,** too long (time); ~ **ona,** it has been a long time
klosan *adj* young (*for people*); ~ **liu,** younger
knua, kanua *n* village
ko'alia *vi* to talk, to speak; ~ **ho,** to speak with; ~ **loos,** to speak the truth
ko'aliadór *adj* talkative
kobra *vt* to collect; ~ **osan,** to collect money
kolega *n* friend; partner
kolombianu, -a *adj, n* Colombian
Kolómbia-oan *n* Colombian (*a person*)
komesa *vti* to begin, start, commence
komik *adj* funny
kompletamente *adv* completely
kompletu, -a *adj* complete
komputadór *n* computer
komunika *vti* communicate
komunikasaun *n* communication
kona-ba *prep* about, concerning

kondisaun *n* condition
koñese *vt* to know, to recognize, be acquainted with
konfiansa *n* trust, confidence
konforme *prep* according to
konlisensa! *interj* excuse me!
konsellu¹ *n* advice, counsel
konsellu² *n* council
kontente *adj* happy, contented; ~ **loos**, very happy, so contented
kontra *prep* against, versus
kontratu-na'in *n* merchant
kopirraite *n* copyright
kopu *n* glass (for drinking)
kór *n* color, (UK) colour
kór-kafé *adj* brown
kór-violeta *adj* purple
kotuk *n* back. *adv, prep* behind
kro'at *adj* sharp. *n* sharpness
krukut *adj* rough
krusiál *adj* crucial
ksolok *n* happiness, joy
kualidade *n* quality
kuana *adj* right (side)
kuantidade *n* quantity
kuandu *conj, adv* when
kuarta, loron-kuarta *n* Wednesday
kuartél-jenerál *n* headquarters
kuartu *n* room
kuaze *adv* almost
kuda *n* horse. *vt* to plant
kuidadu *n* care. *adj* careful. *vi* to be careful
kuidadu! *interj* be careful!
kulabu *adj* grey
kultura *n* culture
kulturál *adj* cultural
kulxaun *n* mattress
kunir *adj* yellow
kuran *vt* to need. *vi* to lack. *adv* less
kuriozidade *n* curiosity
kuriozu, -a *adj* curious

LI

la *adv* not (*negative marker*); ~ **bele**, cannot, may not; ~ **buat ida**, it doesn't matter; ~ **iha problema**, no problem; ~ **konkorda**, to disagree
la'ós *adv* not
labarik *n* child; ~**-feto**, girl; ~**-mane**, boy
labele *adv* not to; do not
ladauk *adv* not yet
ladún *adv* not very, not so; ~ **aat**, not too bad; ~ **di'ak**, not too good
lae *adv* no (*as an answer*)
lahakmatek *adv* restlessly
lahalimar *adv* really, extremely
lahó *prep* without; ~ **moe** *adv* shamelessly
lahodi *prep* without
lai *adv* please
laiha *prep* without
lailais *adv* quickly, fast, rapidly; early
lais *adj* quick, rapid
lakan *n* flame. *vi* to be on (about a light or fire, etc.)
lakin *adj* very old
lakleur *adv* soon
lakohi *vi* not to want
lakon *vi* disappear; to lose
lalakon *n* disappearance
lalika *adv* don't; do not; ~ **temi**, don't mention it
laran *n* interior; (the) heart. *prep* in, within
laran-fo'er *adj* dishonest. *n* dishonesty
laran-haksolok *adj* glad, proud
laranja *adj* orange
laran-kraik *adj* sad
lasusar *adj* easy
lato'o *adj* not enough/sufficient. *prep* within (a space of time)
lee *vt* to read; ~**-na'in** *n* reader
leet *n* space; in-between space; opportunity. *adv* in vain. *prep* between, among(st)
leten *n* top, summit
lia- *n* language; ~**-alemaun**, German; ~**-baikenu**, Dawan, Baikenu; ~**-dawan**, Dawan, Uab Meto; ~**-dinamarkés**, Danish; ~**-español**, Spanish; ~**-esperantu**, Esperanto; ~**-flamengu**, Flemish; ~**-fransés**, French; ~**-gregu**, Greek; ~**-husu**, question; ~**-indonézia**, Indonesian; ~**-inglés**, English; ~**-italianu**, Italian; ~**-japonés**, Japanese; ~**-na'in**, linguist; ~**-noruegés**, Norwegian; ~**-olandés**, Dutch; ~**-portugés**, Portuguese; ~**-rusu**, Russian; ~**-sueku**, Swedish; ~**-tetun**, Tetum
liafuan *n* word; **hodi** ~ **seluk**, in other words
lian *n* **1** sound, voice **2** language (when followed by a name it takes the form *lia-*) **3** trouble, problema
lima *num* five
liman *n* hand; ~**-fuan**, finger; ~**-fukun**, wrist; ~**-humur**, fist; ~**-kukun**, fingernail; ~**-tanen**, palm of the hand
língua *n* language
liu *vi* past; to pass. *prep* after, following. *adv* more
liuhosi *prep* through, via
liuliu *adv* especially, above all
liurai *n* king
liután *adv* more, futher. *prep* than
liutiha *prep* after, afterwards

livru *n* book
lohi *vt* deceive
loja *n* shop, store; **~-na'in,** shopkeeper
loos *adj* right; real. *adv* really; actually; very, so; **~ duni,** indeed, it's true; **~ ka lae?** did you? (*a question tag*)
loraik, lokraik *n* afternoon
lori *vt* to bring; to take; to carry
loriku *n* parrot
loroloron *adj, adv* daily; everyday
loromatan *n* the sun
loromonu *adj, n* west
loron *n* day; **~-moris,** date of birth
lorosa'e *adj, n* east
luademél *n* honeymoon
lubun *n* group
luli *adv* to be forbidden; it is forbidden to
lulik *adj* sacred, holy. *n* sacred object
lumut *adj* green
lurón *n* street

Mm
mahorik *n* citizen
mai *vi* to come. *prep* to. *adv* hither; **~ fali,** to come back; **~ ita,** let us, let's
maibé *conj* but, however, yet
mais *conj* but
Maiu, fulan-Maiu *n* May
mak, maka *rel pron* the one who, that, which, who
maka'as *adj* hard; strong
makfa'an *n* seller
malae *adj* foreign. *n* foreigner
malirin *adj* cold
mamuk *adj* empty
Mana *n* older sister (*term of address*)
manán *vti* to win; to earn (money)
manas *adj* hot. *n* heat
manko *n* bowl
mantein *vt* to keep, to maintain; **~ kontaktu,** to keep in touch
manu *n* chicken; bird
maran *adj* dry. *vi* to dry
marka-fábrika *n* trademark
maromak *n* good, deity
Maromak! *interj* My God!
Marsu, fulan-Marsu *n* March
Marte *n* (planet) Mars
maski, maske *adv, adj* although, though; even; **~ nune'e** *adv* nevertheless
matabixu *vi* to have breakfast. *n* breakfast
matak *adj* green; unripe
mate *vi* to die. *adj* dead; out (of a light or fire, etc.). *adv* to death. *n* death
matenek *adj* intelligent; wise. *n* intelligence

maun *n* brother (*also used as a term of address*)
mean *adj* red
medak *adj* dirty
menstruasaun *n* menstruation
mentalidade *n* mentality
menus *prep* except. *adv* less. *vi* to decline
mesak *adj, adv* alone, lonely; **~ de'it** *adv* just alone, all alone
meskita *n* mosque
mestre *n* teacher; master
metak *adj* dim
metan *adj* black
mexikanu, -a *adj, n* Mexican
Méxiku-oan *n* Mexican (*a person*)
meza *n* table; **~-hakerek,** desk
mezmu *adv* even
mézmuke *conj* even though, although
midar *adj* sweet; delicious
mikrofone *n* microphone
millaun *num* million
mina-rai *n* kerosin
minutu *n* minute
modo *n* vegetable
molok (atu) *prep* before; in front of
momentu *n* moment, time. *adv* at that time. *conj* while, as
moris *v* to live; to be alive. *adj* alive. *n* life; **~ mai,** to be born
mós *adv* also, too
motór *n* motorcycle
moun-alin *n* brothers and sisters
muli *vi* disappear
mutin *adj* white

Nn
nada! *interj* you're welcome
nafatin *adv* always
nakonu *adj* full
nakukun *adj* dark; dim
na'in-rua *adj, pron* the two of them, both of them (people)
na'ok-teen *n* thief, robber
naran *n* name. *vi* name (is); to be called. *conj* any; provided that
naranaran *adv* carelessly, chaotically
naroman *adj* bright
naruk *adj* long. *n* length
nasionalidade *n* nationality
natar *n* rice field, paddy field
nato'on *adj* enough, sufficient
naturál *adj* natural
naturalmente *adv* naturally
ne'e *pron* this; it is; **~ mak,** it is; this is
ne'ebé *pron* where
ne'e-duni *adv* therefore, hence, that's why

neen *num* six
nega *vt* deny
negasaun *n* denial
nein *conj* neither; nor
neineik *adv* slowly
nia *pron* **1** (*mane*) he; (*feto*) she **2** 's (*possessive marker*); of
ninia *poss adj* his, her, its
ninian *poss pron* his, hers, its
nivel *n* level; ~ **nasionál,** national level
no *conj* and
Noi *n* polite term of address for teenage girls
nonook *adj* silent, quiet
nordueste *adj, n* north-west
norte *adj, n* north
Noruega-oan *n* Norwegian (*a person*)
noruegés, -eza *adj, n* Norwegian
norueste *adj, n* north-east
Novembru, fulan-Novembru *n* November
nu'udar *prep, conj* as
nu'usá *adv* why
nunka *adv* never
nune'e ka? *adv* really? is that so?
nurak *adj* young, youthful; ~ **liu,** younger

Oo

ó *pron* you (*sg, for somebody you know well*); thou, thee
oan *n* child, son or daughter; ~ **sira,** son(s) and daughter(s); ~**-kosok,** baby
obrigadu! *interj* thank you (*by a man*)
obrigada! *interj* thank you (*by a woman*)
ohin *adv* today; ~ **loron,** today, nowadays; ~ **ne'e,** today, this day, nowadays
oi! *interj* ei!
oin-aat *adj* ugly
oinsá *adv* how
oioin *adj* various
okos *n* underside
olá! *interj* hello, hi
Olanda-oan *n* Dutch, balanda
olandés, -eza *adj, n* Dutch
ona *adv* already
ó-nia *poss adj* your (*sg, inf*)
ó-nian *poss pron* yours (*sg, inf*)
oraoras *adv* often, from time to time, occasionally
oras *n* hour; ~ **hira?** How many hours? ~ **ne'e** *adv* now, at the moment
orasida *adv* later
órgaun *n* organ
osamean *n* gold
osamutin *n* silver
osan *n* money; ~ **transporte nian,** travel expenses
otas *n* age; era

otél *n* hotel
Outubru, fulan-Outubru *n* October

Pp

para *prep* in order to, so that, to
parénteze *n* parenthesis
parese *vi* to seem, to look
parte *n* part
Páskua *n* Easter
pasta *n* **1** briefcase **2** pasta
pergunta *n* question
períodu *n* period
planu *n* plan
podér *n* power
pontu *n* full stop, period
porfavór *conj* please
porra! *interj* damn!
porsentu *n* percent
Portugál-oan *n* Portuguese (*a person*)
portugés, -eza *adj, n* Portuguese
postál *n* postcard
poupa *vti* to save money
povu *n* people
prepara *vt* to prepare
prezidente *n* president
primu *n* male cousin
prima *n* cousin
problema *n* problem, trouble
profesór *n* male teacher
profesora *n* female teacher
promesa *n* promise
promete *vt* to promise

Rr

raan *n* blood
rabat *vt* to juxtapose. *prep* right next to, side by side with. *adj, adv* side by side
rade, manu-rade *n* duck
rai[1] *n* earth, land, island; ~**-Alemaña,** Germany; ~**-Arjentina,** Agentina; ~**-Béljika,** Belgium; ~**-Brazíl,** Brazil; ~**-Dinamarka,** Denmark; ~**-España,** Spain; ~**-Fransa,** France; ~**-Grésia,** Greece; ~**-Indonézia,** Indonesia; ~**-Inglaterra,** England; ~**-Itália,** Italy; ~**-Japaun,** Japan; ~**-Kanadá,** Canada; ~**-Kolómbia,** Colombia; ~**-Méxiku,** Mexico; ~**-Noruega,** Norway; ~**-Olanda,** Netherlands; ~**-Portugál,** Portugal; ~**-Rúsia,** Russia; ~**-Suésia,** Switzerland; ~**-Timór,** Timor Island; ~**-Xile,** Chile
rai[2] *vt* **1** to put, to place **2** to keep
rai-loro *n* daytime
rain *n* country, land
raiseluk *adj* foreign; **lian ~,** foreign language

ramata *vt* to finish, conclude
rame *adj* busy; crowded
regra *n* rule
rekere *vi* to demand
relasaun *n* relation
relativamente *adv* relativamente
relativu, -a *adj* relative
resente *adj* recent
resentemente *adv* recently
resik *adv* too
resikliu *adv* too many/much
resposta *n* response, answer
rihun *num* thousand; ~ **ida,** a/one thousand
riku *adj* rich
rivál *n* rival, competitor
romanse *n* novel
rona *vt* to hear; to listen (to)
rua *num* two
ruin *n* bone
Rúsia-oan *n* Russian (*a person*)
rusu, -a *adj, n* Russian

Ss
sá *pron* what
sábadu, loron-sábadu *n* Saturday
sa'e *vi* to rise, to go up, to climb. *vt* to board (a vehicle)
saan *adv* early
saburaka *n* orange
sahik *n* share
sai *vi* **1** to become **2** to go out; ~ **realidade,** to come true
saia *n* skirt
saida *pron* what
sakunar *n* scorpion
sala *n* mistake; error. *adj* wrong. *adv* wrongly, incorrectly
salva *vt* to save
sani *vt* read; ~**-na'in** *n* reader
sanulu *num* ten
sanulu-resin-lima *num* fifteen
saran *vt* deliver
sasán *n* things; goods, property; ~ **ruma,** some thing
se *conj* if; whether
sé *pron* who
sedu *adv* early
segunda, loron-segunda *n* Monday; ~ **kotuk,** last Monday
sei *adv* **1** will, shall; would **2** still; ~ **la,** will not, won't; shall not; would not
seidauk *adv* not yet
selae *adv* if not, otherwise
selu *vti* to pay
seluk *adj* another, other; different

semana *n* week; ~ **kotuk,** last week; ~ **oin,** next week; ~ **nian** *adv* weekly
sempre *adv* always
sé-nia *adj* whose
sé-nian *pron* whose
señór *n, pron* sir
sentru *n* center, (UK) centre
serbisu *vi* to work. *n* work, job; ~**-fatin,** workplace; office
sesta, loron-sesta *n* Friday
Setembru, fulan-Setembru *n* September
sia *num* nine
sianulu *num* ninety
sidade *n* city; town
simples *adj* simple
simu *vt* to receive, get
sin *adv* yes
sinagoga *n* synagogue
sinál *n* sign
sineasta *n* film-maker
sinu *n* bell
sira 1 *pron* they **2** plural marker; ~ **hotu-hotu,** all of them
sira-ne'ebé (*pl*) *pron* which
sira-nia *adj* their
sira-nian *pron* theirs
sirku *n* circus
sisi *vi* to demand
sisidór *adj* demanding
sistema *n* system
sita *vt* to quote, cite
sitasaun *n* quotation, citation
situasaun *n* situation
sivilizasaun *n* civilisation
sobre *prep* about, concerning
sobrenaturál *adj* supernatural
sobriña *n* niece
sobriñu *n* nephew
sobu *vt* destroy
soe *vt* to throw, to cast; to expel; ~ **malu,** to divorce; ~**-malu,** divorce
sofá *n* sofa
soi *vt* **1** to have, to possess **2** to sabe
soldadu *n* soldier
soletra *vt* to spell (out)
solusaun *n* solution
son *n* sound
sorte *n* luck, fortune
sorte! *interj* lucky me!
sorte-aat *adj* bad luck
sosa *vt* to buy, to purchase
sosiál *adj* social
sudeste *adj, n* south-east
sudueste *adj, n* south-west
sueku, -a *adj, n* Swiss
Suésia-oan *n* Swiss

súl *adj, n* south
superioridade *n* superiority
supermerkadu *n* supermarket
surat *n* letter; **~ eletróniku,** electronic mail
surpreza *n* surprise
susar *n* difficulty, problem. *adj* difficult
su'u *vt* to dig

Tt

tan *adv* more, again; any more. *prep* because of, for the sake of
tanba *prep* because of, owing to. *conj* because, since
tanbasá *adv* why
tane *vt* to hold up
tansá *adv* why
tarde *adj* late
tarutu *n* noise. *adj* noisy
tasak *vi* to ripen. *adj* cooked
tasi *n* sea; **~-balun** *adj, adv* abroad
tata *vt* to bite
tau *vt* to put, to place; **~ fali,** to put back; **~ matan,** to pay attention
ta'uk *vti* to be afraid. *adj* afraid, scared
tebes *adv* certainly; very, so. *adj* indeed, sure; **~ ka?** really?
tebetebes *adv* certainly, indeed; very (much), extremely
te'in *vt* to cook
tekir *adj* sudden
tekitekir *adv* suddenly, all of a sudden, all at once; **~ de'it,** just all of a sudden
tékniku *n* technician
temi *vt* to mention; to pronounce
tempu *n* time; **(iha) ~ uluk,** (in) the past
tenke *vt* to have to, must, has to, ought to, should
terrorista *n* terrorist
terrorizmu *n* terrorism
tersa, loron-tersa *n* Tuesday
terus *vi* to suffer. *n* suffering
Tia *n* Aunt (*term of address*)
tian *n* aunt
tiha *adv* already; **~ ona,** have already
timór (nian) *adj* Timorese; East Timorese
Timór Lorosa'e *n* East Timor
Timór-Leste nian *adj* East Timorese; of East Timor; that belong(s) to East Timor
Timoroan *n* Timorese; East Timorese
tinan *n* year; age; **~-boot,** adult; **~-boot liu,** more adult, older; **~ foun,** new year; **~ kotuk** *adv* last year; **~ oin,** next year
tinta *n* ink
Tiu *n* Uncle (*term of address*)
tiun *n* uncle
toalla *n* towel

to'o *vi* **1** to arrive; to come **2** to be enough. *prep* as far as; until; **~ ohin,** until today
todan *adj* heavy
tolu *num* three
tolun *n* egg
tolunulu *num* thirty
tomak *adj* whole, entire; all
toman *n* custom, habit. *vi* to be accustomed to; to get used to
tomate *n* tomato
torre *n* tower
tradús *vt* to translate
tradusaun *n* translation
tradutór, -ora *n* translator
trata *vt* to treat
tratamentu *n* treatment
treina *vt* to train
treinadór, -ora *n* trainer
treinu *n* training
tribunál *n* tribunal, court
trigu *n* flour; wheat
tropikál *adj* tropical
tuan *adj* old (*for things*); **~ liu,** older
tudik *n* knife
tuir *vt* to attend; to celebrate; to follow. *prep* after; according to, as; through; **~ loos, ~ loloos** *adv* in fact, actually
tuirmai *adv, conj* next, then. *prep* following, (the) next
tuku *vt* strike, to beat. *n* hour; **~ hira ona?** What time is it? **~ hitu,** seven o'clock
tulipa *n* tulip
tulun *vt* to help, to assist. *n* help
tumór *n* tumor
tuna *n* eel
turista *n* tourist; **~-laran,** domestic tourist; **~ raiseluk,** foreign tourist
turizmu *n* tourism
tuur *vi* to sit down; **~-ahi** *vi* to give birth

Uu

ualu *num* eight
ualunulu *num* eighty
ualunulu-resin-hitu *num* eighty-seven
udan *n* rain; **~ tau,** to rain
uitoan *adv* a little bit, somewhat; for a while. *adj* a little, few
ukun *vt* to govern, to rule. *n* government
ulukliu *adv* first (of all)
uluknana'in *adj, adv* first (of all)
ulun *n* head; **~-mamar** *adj* clever, smart
uma *n* house; **~ tuan,** old house
umakain *n* household
uma-kreda *n* church (building)
universál *adj* universal
universidade *n* university

urjénsia *n* urgency
urjente *adj* urgent
ursu *n* bear
util *adj* useful
utilidade *n* usefulness, utility

Vv
valsa *n* waltz
vantajen *n* advantage
venenu *n* poison
verde *adj* green
vidru *n* glass (*material*)
vírgula *n* comma
virjen *n* virgin
vitál *adj* vital
vizita *vt* to visit. *n* visit
vizitante *n* visitor
viziñu *n* neighbor
vontade *n* desire, will, wish

Ww
wa'in *adj* many, much, a lot
wa'iwa'in *adj* very many, very much
wainhira *adv, conj* when
wow! *interj* inaferik!

Xx
xapeu *n* hat
xateia *vt* to disturb
xatise *n* disturbance
xefe *n* head, boss, chief
xilenu, -a *adj, n* Chilean
Xile-oan *n* Chilean (*a person*)
xumasu *n* pillow

Zz
zebra *n* zebra
zeru *n* zero
zodíaku *n* zodiac
zona *n* zone, area
zou *n* zoo

About the Writer

 **Yohanes Manhitu** was born in the village of Sunu, South Amanatun (*Amanatun Selatan*), East Nusa Tenggara Province, Indonesia, on May 24, 1976 and grew up in the East Timorese enclave of Oecusse-Ambeno, where he acquired the Tetum language in his childhood. He finished elementary, secondary, and high school in the beautiful enclave (1983–95) then went on to the English Department of Nusa Cendana University (1995–February 2000) in Kupang. For one year, he served the West Timor-based United Nations High Commissioner for Refugees (UNHCR) in Kupang as a translator and interpreter of English, Indonesian, Tetum, and Dawan.

He now lives in Yogyakarta and works as a writer, translator, and foreign language instructor. Besides writing dictionaries, language books, short stories, and articles on language and culture, he pens poetry in Indonesian, Dawan, Tetum, English, Esperanto, etc. and enjoys participating in literary activities. He has won French poetry contests: more than once at the *Institut Français d'Indonésie* (*IFI/LIP*[61]) in Yogyakarta, on the occasion of *Le Printemps des Poètes*, and once in the Department of French Literature, Gadjah Mada University (UGM), on the occasion of *Les Beaux Jours* (June 2004). His passion for languages motivates him to steep himself in Austronesian languages (Dawan, Tetum, Indonesian, etc.) and learn some Romance languages, as well as Esperanto, the masterpiece of Ludovic Lazarus Zamenhof (1859–1917).

His previously published books are *Kamus Portugis-Indonesia, Indonesia-Portugis*, a Portuguese-Indonesian, Indonesian-Portuguese dictionary (Jakarta: PT Gramedia Pustaka Utama, 2015); *Sub la Vasta Ĉielo*, a poetry anthology in Esperanto (Candelo, Australia: Mondeto, 2010); *Multlingva Frazlibro*, a phrasebook of nine languages (Rotterdam: World Esperanto Association, 2009); *Nenomatne Nbolen*, an anthology of Dawan poetry (Yogyakarta: Genta Press, 2009); and *Kamus Indonesia-Tetun, Tetun-Indonesia*, an Indonesian-Tetum, Tetum-Indonesian dictionary (Jakarta: PT Gramedia Pustaka Utama, 2007). He participated in the compilation of *TruAlfa Indonesian-English Dictionary* (2002) and *TruAlfa Concise English-Indonesian Dictionary* (2005), initiated by Wayne B. Krause. His poetry has been published online and in print, and his Indonesian poems have appeared in *Pos Kupang*, a daily newspaper in West Timor, Indonesia; *Seputar Indonesia*, now *Koran Sindo*, a daily newspaper in Jakarta; *Wawasan*, a Bali-based magazine; and *Ratapan Laut Sawu: Antologi Puisi Penyair NTT*, a collection of poems by 42 poets from the Indonesian province of East Nusa Tenggara (Yogyakarta: Penerbit USD[62], 2014). His Tetum poems have appeared in *Jornál Semanál Matadalan* (Dili, East Timor). A number of his Spanish poems have been published in the following collective anthologies: *Um Extenso*

---

[61] *Lembaga Indonesia Prancis*/French Institute in Indonesia.
[62] Sanata Dharma University Press.

Continente II, A Ilha, a tribute to the Portuguese poet António Salvado (Castelo Branco, Portugal: RVJ Editores, 2014); *Arca de los Afectos*, a collection of poems by more than 100 poets from various countries for the fiftieth birthday of the Spanish poet Alfredo Pérez Alencart (Madrid: Editorial Verbum, 2012); *El Color de la Vida*, personal reflections on the paintings and sculptures of the Spanish artist Cristóbal Gabarrón (Salamanca: SELIH[63], 2012); *El Paisaje Prometido*, personal reflections on the paintings of the Spanish artist José S. Carralero (Salamanca: SELIH, 2010); and *Los Poetas y Dios* (León, Spain: Excma. Diputación Provincial de León, 2007). Some of his poems in Esperanto have appeared in *Beletra Almanako* (USA), *La Karavelo* (Portugal), *Esperanto en Azio* (Japan), *Sennaciulo* (France), and *Vesperto* (Hungary). His Indonesian short stories have appeared in *Pos Kupang* daily (West Timor, Indonesia) and *SANTARANG* (a literary journal published in Kupang, West Timor), and his Tetum short stories in *Jornál Semanál Matadalan* (East Timor). Working under the name of John Manhitu, he translated the first novel of Indonesian writer Nusya Kuswantin into English (*Lasmi; A Woman Called LASMI*). He has also translated into Indonesian—mostly from the originals—at least one work of the following poets: Alfredo García Valdez (Mexico), Alfredo Pérez Alencart (Spain), Arthur Rimbaud (France), Charles Baudelaire (France), Claudio Rodríguez Fer (Spain), Elena Liliana Popescu (Romania), Emily Dickinson (USA), Fernando Pessoa (Portugal), Fray Luis de León (Spain), Gabriela Mistral (Chile), Juan Cameron (Chile), Karol Józef Wojtyła[64] (Poland), Luís Vaz de Camões (Portugal), Octavio Paz (Mexico), Pablo Neruda (Chile), Paul Verlaine (France), Rabindranath Tagore (India), Ramón Hernández-Larrea (Cuba), and William Auld (UK).[65] His essays and/or articles on language and/or literature have appeared in *Pos Kupang* daily, *Timor Express* daily, another local newspaper in West Timor, Indonesia; *SANTARANG* literary journal; *Intisari,* a Jakarta-based monthly magazine; and *Beletra Almanako*, an Esperanto literary magazine published in New York, USA. You are welcome and encouraged to visit the author's blogs: http://ymanhitu.blogspot.com, where you can read much of his poetry, articles, etc.; http://ymanhitu-works.blogspot.com, for information on his published books; http://uabmeto.blogspot.com, for Dawan language and literature; and http://ymanhitu-poemoj.blogspot.com, for original and translated poetry in Esperanto.

---

[63] *Sociedad de Estudios Literarios y Humanísticos de Salamanca*, Spain.
[64] Saint John Paul II's birth name.
[65] The Indonesian translations of the works of Alfredo Pérez Alencart, Claudio Rodríguez Fer, Elena Liliana Popescu, Fray Luis de León, Juan Cameron, and Ramón Hernández-Larrea have been included in multi-lingual anthologies. The others have not been published in book form, but mostly available online (on blogs, websites, etc.).

www.ingramcontent.com/pod-product-compliance
Lightning Source LLC
Chambersburg PA
CBHW081939170426
43202CB00018B/2954